シリウス,ベガ,デネブ,アルシオン………

宇宙魂に目覚め、自分の魂の星《ふるさと》を旅する

松村 潔

アールズ出版

はじめに

出版社の編集者の金澤さんから、「宇宙魂に目覚める本」あるいは「自分の魂の故郷（星）がわかる本」というような趣旨の単行本を書いてくださいという依頼を受けた。『エーテル体に目覚める本』の新装本のために付け加えた文章に、宇宙のことを入れたので、それに着目しての提案だ。

宇宙魂（うちゅうだましい）という言葉からすると、対比として考えられるのは地球魂だ。地球もまた宇宙の中のひとつであるから本来は宇宙魂に含まれるのだが、実はここには特殊事情が働いている。わたしたちが住んでいる地球は宇宙から孤立している鎖国状態にあるのだ。ずっと鎖国状態にあるところに住んでいると、これが普通だと思うので、誰も異常を感じない。魚は水の中で生まれ、ずっとそこに住み続けるので、自分が水の中にいるとは思っていない。自分は空中を自由に飛び回っているのだと感じる。しかし、いったん水の外に出てみると、はじめて今まで自分が水の中にいたことを知るだろうと書いていた人がいた。

多くの人が地球外知性との接触どころか、地球以外に生命がいることさえ疑わしいと思っている。実は、地球は昔はいろいろな宇宙知性と交流をしていて、ある時期から、ぱったりとできなくなってしまったという話などは、いまは亡き大陸書房の書籍の愛読者ならば、普通に受け止めるだろう。

地球はいつから宇宙から孤立するようになったのか。徐々に、日ごとに、坂道を転がり落ちるように、孤立する傾向は深まった。最近は宇宙探索に関して、各国が関心を強め、広がりつつあるようにも見えるが、方向性としては、むしろ勘違いの方向に走っているとわたしは見ている。ここでもやはり孤立を深めているのではないかと思う。地球はガラパゴス世界だと考えるのが一番正しい。


地球は宇宙から孤立している。と思えば、地球魂と、宇宙魂は違うと言うことができるし、これから宇宙魂を回復させましょうというテーマも成り立つ。ただ地球に住んでいる人が、本来の宇宙魂を思い出そうとすると、まわりにいる人たちがそれを妨害しようとするだろう。なぜならば、人間の思考や感情というのは独立しておらず、互いに混じり合っていることが多く、思想の自由性を発揮すると、影響が及ぶ人もいるだろうし、宇宙的な領域へ精神が開かれるのは都合が悪いと思う人は多いはずだ。

そこで、宇宙魂を思い出そうとする人は、自分の目論見については秘密裏に進めなくてはならないということになるだろう。同じ目的すなわち、宇宙魂を回復させようと思う人と仲間になって一緒に取り組めれば心強いかもしれないが、そうした仲間になりそうな人を見て、ちょっとこの人には近づきたくないと感じるケースが多いかもしれない。宇宙とのつながりを取り戻し、宇宙魂を回復させるのは、前途多難な孤立的試みになることが多いはずだ。

本書は、幽閉された地球世界から、宇宙的な方向に開かれていくためにはどうすればいいのかということを書いてみたい。みんな日々の生活に忙しく、目前のことに真剣に取り組むべきで、宇宙的になるなど、どんな実用性があるのかと疑問に思う人もいるだろう。実用的とは、遠いものではない目前の具体的な事柄に役立つということを示した言葉だと思うので、遠い世界を示す宇宙的なものは、どこからどう工夫しても、いつもあきらかに実用的ではない項目に入る。

わたしは、人間はそんなに実用的になる必要はないし、とくに道具主義になる必要もないと思っている。たとえば、ランニングをする人の多くは理由を必要とする。健康のため、ダイエットのため、記録を伸ばしたい。何々のためにとか、これこれの役に立つとか。これを道具主義という。

現代人はそういう道具主義の病気にかかっていて、何をするにしても純粋に楽しむことができない。外を歩くことでさえ、理由が必要になる人も多いのだ。会社が休みの日、近所の公園に行っても「いまはのんびりと、歩いてもいいんだよ」と数秒ごとに自分に言い聞かせなくてはいけない人もいる。

なので、宇宙的な魂の開発がいったい何の役に立つのか、と問いかけられれば、「それは何の役にも立ちません。とくに目前のことには貢献しないのです」と答えよう。

タロットカードでは、環境から外に飛び出すこと、より大きな世界に開かれていく作用は、0番の番号のつく愚者のカードがあらわしている。愚者は外に出て行くという意味では、この世界の中にある価値観に同一化しない。

外に出て行くという時、みんなは身体が外に出ていくということだけを考える。しかし真に外に出て行くというのは、思考や感情、気持ちが、いままでの環境への同一化から離脱するのだ。価値観を共にしなくなる。なので、この0愚者は、いままでの環境から見ると、役に立たない無益な人になることを意味する。誰も評価しないような、この世界になんの足しにもならないような人が0愚者だ。実用的でない人こそが、宇宙魂を獲得することができる。

若くてまだ社会に組み込まれていない人、あるいは何かの事情ではずれてしまった人、あるいは老いて、リタイアした人には近づきやすいテーマでもある。つまり本書は、忙しい人には向かない優雅な趣味の本と考えてもいいだろう。

松村　潔

宇宙魂に目覚め、
自分の魂の星（ふるさと）を旅する

［目次］

第2章　なぜ、わたしたちは宇宙魂を忘れてしまったのか

第3章　「感情体こそ、自分である」と認識する

第4章　宇宙へ旅立つ前に、知っておきたいこと

第5章　さあ、魂の星《ふるさと》を訪れよう
～生命の樹を使ったツアーコース～

第6章　宇宙への旅をより楽しむために

第1章　折り重なった宇宙

惑星の借りを返すとは何か

わたしは長年占星術をしてきた。これは40年以上続いているのだが、そもそも占星術に興味を抱いた理由は、新宿の三省堂書店で、エピステーメという雑誌を立ち読みして、そこにヘルメス叢書の翻訳文を発見し、その内容に釘付けになったことに始まる。この文書が書かれた時代の宇宙観とは、玉ねぎ状の同心円になっていて、7つの遊星天があり、その外側に第八恒星天がある。この7つの遊星のひとつひとつの借りを返して、人は第八恒星天に戻るというのがヘルメスやグノーシス思想の基本だ。ダンテの神曲などもそうした宇宙観で作られている。古い宇宙観に対する興味から、占星術に興味を抱いたので、当然のことながら、人の未来を占ったり、性格診断したりという、普通の占い的な事柄にはあまり興味を持っていない。あるいはそれを重視していない。

☆わたしたちは、地球が作り出す時間を借りて物語を体験している

7つの遊星の借りを返すという言葉はなんだろう。いったいどんな借りがあるのか？ 7つの遊星、つまりふらふらと動く星である惑星はそれぞれ公転周期が違い、それが複数の時間サイクルを作り出している。もちろんわたしたちは、地球の表面に住んでいて、地球は太陽の周りをまわって一年を作り、また地球が自転して一日を作り、一年の中では春夏秋冬があり、一日の中では夜明け、昼、夕方、夜中などの4つの区分を作り出している。

わたしたちの生活はこの時間リズムの中で運営され、この中でさまざまな経験をしていくが、この経験は、地球が作り出す時間を借りることではじめて可能となる。地球が作り出した時間サイクルの中でのみ、わたしたちの経験は進行し、物語を体験していくのだ。一枚一枚は静止画だが、それを特定の速度で回すことで、動画になり、動く経験になっていくということだ。

わたしは朝四時に起きているが、この時間帯はまだそれほど多くの人が起きていない。四時過ぎに外に出て歩くと、猫とカラスしかいない場合もあり、何かすっきりして気分がいいが、朝7時くらいに起きると、たくさんの人がもう起きていて、何かうるさい喧騒の中での目覚めは、一日にケチがついたみたいで気分が悪い。昼になると、だいたい個人的な感覚では、夕方気分で今日はもう仕事はだいたい終わりだと思って、東京MXの海外ドラマを見たりする。

わたしたちの経験は地球の自転する時間リズムや地球が公転する時間リズムの中で、季節感などとも密接に関わりながら進行している。

☆買い物をしてウキウキするのは、金星時計のお陰？

身体は地球に依存しているが、心理、感情、種々の内的体験などは、地球以外のほかの惑星の時間システムを借りて経験するということになる。つまり基調のリズム、特に身体に関係したものは地球が作り出し、そこに他の惑星サイクルが変調波として乗ってくる。人間は見える体を持っているが、同時に、感情を持ったり、思考をしたりする。それらの経験は地球的時間サイクルとは多少ずれたサイクルで動いていることは容易に想像がつくはずだ。

動くよりも早く感じたり、妄想したり、感情が働いたりする。早くなったりする時に、違うリズムに同化し、遅くなったりする時に、また違うリズムに同調する。身体が同調している地球リズムに、思考や感情も合わせていたりすると、それは思考や感情が働いていないという意味に等しくなる。身体と異化されていないからだ。

たとえば時間生物学とか、解剖学で、内臓は惑星の時計と共鳴しているという説がある。例をあげると、肝臓は木星と、脾臓は土星と、腎臓は金星などと共鳴するということが古い時代からよく知られていた。喜んだり楽しんだり悲しんだりという情動体験は、もっぱら腎臓＝金星の時計で体験していくというものなのだ。お買い物をしてウキウキする、というのは、金星時計を借りてはじめて味わうことができる。金星リズムにあまり同調していない人とか、腎臓がへたっている人は、お買い物をしてもドキドキ感がない。よく笑う女子高生は、金星がもっとも強く働く年齢だ。身体は地球に合わせていると書いたが、身体の内部では、種々さまざまな時計が働いていると考えてみよう。

わたしたちは7つの遊星の時計を借りて、人生の諸体験をしているのだ。単純なロボットのように動くのなら地球時計だけで済むが、複数の惑星サイクルがあることで、もっと人間的な体験が作られていく。

この惑星時計がないと、時間は進まなくなり、わたしたちが何かを体験したりするためには、自力で、時間を動かさなくてはならないというはめになる。シュタイナーは、霊界では時間というものは自動的に動いておらず、人はあたかも空間を歩くかのように、時間の中を進まなくてはならないと説明しているが、惑星に住んでいるわたしたちは、何もしなくても、時間が進んでいくので、そのことにまったく無意識で、そのありがたさがわかっていない。水はただ、と思っているのと同じだ。

☆5次元人間に進化できれば、時間を自由に扱える

夢の体験は、一秒くらいでも、何時間分もの体験をしたような気がする。シュタイナー翻訳家である高橋巖さんから、フェルメールの絵を見る時は、一枚の絵に対して三十分以上時間を

かけて、絵の空間感を感じることが大切なのだと、言われたことがある。というのも、わたしは美術館で絵を見る時に三秒くらいしか立ち止まらないからだ。

でも時間を伸縮自在に扱えるのならば、三秒くらいでも、一日中絵の前に立っていたくらいの経験を得ることもできるのではないか。これができるようになるには、惑星時間に依存しない生き方ができなくてはならない。惑星時間に依存すると、無気力になり、ぼうっと何もしないうちに夕方になり、気がつくと真夜中になるということもよくある。

わたしたちは三次元世界に生きていると言われている。四次元とはここに時間要素を入れたものだ。わたしたちは空間的には自由に動くことができるかもしれないが、一方的な時間で過ごしているので、時間についてはまったく自由ではない。四次元的な人間がいるとしたら、時間については過去から未来、反対に未来から過去、あるいは斜めに、つまり圧縮してみたり、引き伸ばしてみたり、混合したり、平行させたりが可能だということだ。

さらに、三次元的に決まったリズムで動いている時間の中に、異なる時間を折りたたんだり、また押入れから荷物を出すように、取り出したりもできるだろう。わたしたちが三次元的な人間から、四次元的な人間に進化したら、これらが可能になるということだ。

といっても、ひとつ手前のものまでがコントロールできるという観点からすると、わたしたちは、まだ三次元人間というよりは、2.5次元的人間だ。というのも、背後にあるものをそのまま見ることさえできない。建物の前にいて、建物の裏を見ることができない。全方位的視野がない。その点では、四次元人間は三次元は自由になるが、時間を一部自由にできても、完全な形では自由にすることができないので、時間を自由に扱えるというのは五次元人間ということになるのかもしれない。

時間が自由に扱えることを想像してみると、これは空間的にも変化が大きいと推理される。たとえば、惑星はある時期が来ると消滅するかもしれない。ということは、時間が自由に扱える人が見ると、惑星が出現したり消えたりするのを見ることが可能になるということだ。

空間は時間の推移とともにあらゆるものが変化する。なので、時間が自由に扱えるとは、空間の変化も伴うのだ。反対に言えば、わたしたちは時間の決まった進行の中で暮らしている。その結果として空間的なものの変化も、決まった速度と秩序で体験していることになる。

☆霊界は、惑星の上ではなく、恒星の上にある

霊界では時間は自動的に進まないということは、霊界は惑星の上にあるわけではないということになる。惑星の上で生活すれば、惑星は自転・公転し、しかも地球は太陽に対して傾斜しているので、太陽の光が上がったり下がったりして、テンションが上がったり下がったりのメリーゴーランドに乗ったような体験もするが、霊界では、時間は自力で動かさなくてはならない。そのかわり自由に動かせるという点で、惑星外のところでの生活領域だと言える。霊界は惑星の上にではなく、恒星の上にある。

ヘルメスは、人間の人生の体験は、惑星の力を借りて進んでいると説明しているのだと推理してみよう。占星術は、まさにこの複数の時計が複雑に絡み合って、しかも地球から見ると、ほかの惑星は見かけの逆行をして、あたかもレミニスカートのように進み、規則性のない時間リズムを作り出している。加えて、地球の傾斜、地球の歳差運動、惑星の公転が真円を描いていないことなどから、予想以上の不規則性が作られ、占星術はこれらを分析するものなので、かなり複雑な体系になっていて、二、三年程度では習得しきれない。

でももう書いたように、占星術で人の人生を占ったり、予測したりするということに目を向けているわけではない。あくまでわたしはヘルメス思想においての、遊星天や恒星天、また惑星の借りを返して、本来人間が住んでいたと思われる場所、恒星天に戻るということの参考になる体系として見てきた。

☆「もともとは太陽系の中で住んでいたわけではない」ということを思い出す

グノーシス文献では、本来神のそばにいた人間、アントロポースは、世界造物主の技に関心を抱いた。すると、瞬間的に世界の中に吸い込まれたと書かれている。わたしは世界造物主が作った世界とは、狭義の意味で太陽系だと考えている。

人間は神のそば、第八恒星天に住んでいて、太陽系の妙に関心を抱き、その中にある惑星に住むようになった。この惑星上においての生活は何もかもがもの珍しく、体験も惑星時計で勝手に決められて、なかなか自分の意思どおりにならない自動運転で進行する。これは遊園地を楽しむために、遊園地の中にある電車に乗って、各ブースを巡回するようなものだ。あるいは音楽を聴いたり、映画を見たりするのも、音楽や映画の進行スピードにじっと合わせなくてはならない。

惑星生活は、人間が興味を持ったからこそ始まったことであり、自然なことではないので、出ていかないにしても、もともとは太陽系の中に住んでいたわけではないということを思い出す必要があるのではないか。

人間とは世界の一部なのか。それとも、世界の外にあり、本来世界とは同化していない存在なのか。この問題についてははっきりさせておく必要はあるだろう。グノーシスは世界否定の思想なので、最後の最後まで、人間とは世界の部品ではないと言い張る。だから出て行くことが可能なのだと。世界内存在は決して出て行くことはできない。

サイコシンセシスのアサジョーリは、以下のように言う。

「疲れている時、こう考えよう。身体が疲れている。しかしわたしは身体ではない。なので、わたしが疲れているわけではない。感情はわたしではない。思考はわたしではない。だから、これこれこのように考えたとしても、それはわたしそのものではない」と。

このように人間の諸属性との自己同一化を次々と切り離すのは、世界から人間を切り離すことであり、世界と自分を同じものと妄想することから、人を自由にする。これがグノーシス主義だと考えるといい。「あなたはどこで生まれたのですか?」という質問をされたら、「わたしはどこかで生まれたわけでもありません」と答えるのが正しいのかもしれない。「ただし身体は岩手県で抜いてきたものです」と。「それはわたしとはあまり関係ないのですが」と。

グノーシス人間として、自分の本来の場所を太陽系の外の恒星に置くとしたら、それは理屈として霊界と同じく、時間を自分で歩かなくてはならない。そのかわりに、過去に行ったり未来に行ったり、斜めに行ったり、たたんだり広げたりをするので、それに伴って空間も変化していき、規則的に時間が進むことのみで理解できる歴史というものを持たない存在になるということになる。世界の因果律を全部ぶち壊してしまうようなものだ。

太陽系の外を切り捨ててしまった

☆太陽系以外は重要ではない？

ところで、わたしはもう40年以上占星術をしているので、占星術には体系として、かなりの不足があることを知っている。何かこれは部分的な体系だ。

とはいえ、今日、どんなことをしても、細分化され、部分化されたものしか学習することはできず、トータルにものを考えるということはとても難しい。これはそれぞれの分野が細分化されているからというよりも、人間が存在としては部分的すぎて、トータルに何か考えたりできなくなっているからに他ならない。そういう人間が考えたことは、なんでもばらばらで断片的になってしまうのは避けられない。地上においてのすべての分野と同じ比率で、占星術体系も欠けているものが多く、だから、インドのオショー（ラジネーシ）は、占星術は本来のもののカケラでしかないと述べていたのだ。

まず、今日の占星術は、太陽系の中の惑星のみを使っている。この傾向はギリシャ時代以後の傾向だ。エジプト時代に、星信仰と太陽信仰の対立があった。星とは恒星のことだ。星は太陽の光の後ろに隠れて見えにくい。星などさして意味がない、太陽のみが重要だと考えるようになったのは、太陽信仰が支配権を強めた後の時代で、そこからわたしたちは近視眼的になった。そしてそれがギリシャ時代以後の傾向なのだ。わたしたちは太陽系の中に閉じ込められている。占星術はそのことを如実にあらわしている。夜でなく、昼は太陽の裏に隠れた恒星はほとんどわからなくなる。

そもそもの故郷が太陽系の外のどこかの星雲界なのに、太陽系に来て、出て行く方法も見つからないうちに、こんどは太陽系以外は重要ではないと言われると、どこかのお店に入った瞬間に、シャッターを閉められた気分だろう。

だいたいわたしたちの寿命は80年程度だ。これは身体の寿命だと言えるが、魂はもっと長く生きる。身体は見えるが、魂は見えない。というのは、今の時代の話であって、魂を肉体として認識できる時代もあった。これを理解するのは難しいと思うが、わたしたちの視覚が、この物質的身体を実身体として認識するようになった時代から、80年よりもはるかに長く生きている魂の輪郭をしだいに認識できなくなり、そうなると、80年以上のロングカウントの星回りというものは必要がないと判断するようになった。

自分は500年生きていると思うと、500年分のリズムを見る占星術が欲しいはずだ。今の占星術は近視眼的なものだが、そもそも占星術は、長大なサイクルのことを考えるのがもっとも得意分野のはずだったのだ。

☆惑星から見た視点は、二極化の価値観を作る

占星術では、恒星などを部分的に取り上げてはいるが、その解釈は歪みきっていて、理由は、惑星の上から見た視点で考えているからだ。地球に入り込んでくる恒星の影響は、たいていの場合、否定的で破壊的だ。惑星は一方方向に回転し、時間経験が作られていくが、これは存在を二極化することになる。つまり、特定の方向に向かうことは、反対方向に動くものを意識の外に追いやり、影にしてしまう。ある方向に走ると、遠くにあるものが近づくと同時に、近くにあるものは急速に遠のく。価値の選別、差別化などが生じるのだ。これが人間の抱く価値観とは常に二極化されたものだという性質を作る。

二極化というのは、たとえば事故が起こると加害者と被害者に分けたり、また主体と客体に分けたりすることを意味するが、二極化はたとえば善悪という概念も作り出す。恒星はこの惑星としての運動がなく、二極化されていない。二極化されていないものを、二極化された人の視点で見ると、それは正義だけでなく、悪も含んでいることになる。神を二極化すると天使と悪魔になる。天使だけ見ようとしている人が、神に近づこうとすると、二極化されたものが本来の一なるものに戻ろうとするわけだから、その途上で悪魔が一体化してこようとするという

わけだ。

二極化されていないものは神話・元型的なものだが、わたしたちは日常意識では、それを捉えることができない。変性意識、拡大意識に入った時のみ理解できる。わたしたちの日常意識は、自分と他を休みなく切り分ける二極化によって維持されているので、この精神状態の中では、神話・元型次元のものは理解できないのだ。ユングは元型を知的に理解することは不可能だと言ったが、それは当然の話だ。


惑星意識から恒星を見ると、しばしばそれは破壊的で邪悪なものになってしまう。二極化された一方的な時間体験は、体験をどんどん一方的方向に進めてしまう作用もあり、これが強いカルマを作り出す。これが人それぞれ偏った考え方を作り出してしまうということにもなる。

大規模な地震が起きると、わたしたちはそれを悲惨な出来事だと思う。しかし地球や日本から見ると、ちょっと背中がかゆかったので掻いた、という程度のもので、むしろ地震が起きたことですっきりしたと感じているはずだ。

地球は人類のために生きているわけではない。しかし個人からすると、そのように見ることはできないだろう。地球上に住む人からすると、恒星というのも、えたいの知れないものに見えてくる。極地的な地点からものを見ると、あらゆる点で変形が生じる。

エドガー・ケイシーは、イエスは12歳くらいの頃に女性教師につれられて、エジプトのアレキサンドリア図書館に留学したと説明している。それは占星術を学習するためだと述べているが、おそらくイエスが学習した占星術は現代のようなひずんだ恒星解釈ではなく、また太陽系の中に閉じ込めないで、もっとトータルにまともに遊星、恒星を扱った占星術だと思われる。

アレキサンドリア図書館を燃やしたのは、キリスト教徒だと言われていて、キリスト教が広がり始めた時代は暴力が支配した時代でもある。それまでの知識というものを重視した姿勢は、信仰という観点からすると間違ったもので、そのため知識の殿堂でもあるアレキサンドリア図書館はまさによからぬ場所だったのではあるまいか。

その後、わたしたちは信仰が許容する知識、いわば知識を偽装した信仰、あるいは知性を偽装した感情だけが許されているという生き方をしている。知識を持つとは、どんな異説を唱えてもいいし、信仰や崇拝心を持たないであからさまに思考するということも可能なはずだが、今日の知識探求では、こう考えてはいけない、そう思ってはならないという制約が多いので、本来の知識や知恵は否定されている時代だ。

アレキサンドリア図書館は知識の場所であり、信仰の時代が始まると、それは滅びていった。惑星ばかりを扱っている自閉的な今日の占星術は、中世の薄暗がりの中で醸造されてきたシステムと言われているが、実際にそうだろうし、本来はもっと違った姿だったはずだ。

階層次元を持つ宇宙

☆ひとつのものが7つに分岐する宇宙法則

占星術では、複数の次元、すなわち地表と黄道が重なる場所。つまり見える世界。次に月。惑星、複数の惑星。太陽を活用する。階層的な次元という点では、地表次元、月次元、惑星次元。太陽次元だ。これは横並びに扱うわけにはいかないが、従来の占星術ではこの階層化をせず、横並びにするためにわりと混乱が生じている。

あらためてこの次元を整理すると、物質界。月。全月。惑星。全惑星。太陽。全太陽。セントラル・サンという対応になる。この全月とか全惑星とは何かというと、宇宙法則というのは、ひとつのものが7つに分岐する。そのうちのひとつがまた7つに分岐するという考え方があるからだ。つまり、ひとつの太陽は7つの惑星に。またひとつの惑星は7つの月に分岐する。

従来の占星術では、実は太陽や全太陽というものは扱われていない。確かに太陽は組み込まれているが、天動説の太陽なので、これはサイクル論としては、地球のことを示しているにほかならず、占星術で使われる太陽から、真実の太陽を推理することは、一点もできなくされている。

そもそも一年で一回転する太陽など太陽ではありえない。太陽は太陽系の中においては、唯一、無の点であり、不動の中心点だ。太陽系の中では無であるということは、太陽系の中においては太陽を扱うことは不可能だということなのだ。つまり対象化が不可能。対象化が不可能なものを考えることなど誰にもできない。もっと大きな範囲から見ると、無は実は無ではなく、有であることが判明する。その時はじめて太陽を対象化して考えることができる。太陽を認識するには、わたしたちは太陽系の外に出なくてはならない。でも、太陽神信仰の世界では、太陽は意識化できない。

☆恒星意識とは

さて、わたしたちは、マクロな宇宙に進展していく時には、同時に、マクロコスモスと鏡像のような関係にあるミクロコスモスにも進まなくてはならない。これが蛇が尻尾を噛むという言葉の意義を実現することになる。マクロな方向へ興味を向けるだけでは、それはわたしたちの存在のあり方には決して定着しないで、精神的な試みに終始し、やがてその成果は失われていく。昔、そう考えたこともあった、という思い出になってしまう。

このマクロとミクロの鏡像関係について考える場合、わたしたちの人体を転回点にして、大なる惑星は、小なる内臓に。さらに、全惑星としてのたくさんの惑星は、ＤＮＡなどたくさんの分子結合に対応する。さらにマクロな太陽系そのものは原子の構造に。次に、恒星は素粒子にという対応関係になっていく。

ただここにはその人の存在状態が持つ限界というものもある。原子とは陰陽関係で成り立つコスモスで、これは太陽系の太陽と惑星という関係に対応したものだが、この陰陽関係の中で生き、その価値観に寄りかかっている人は、太陽系の外に出ることはできない。陰陽関係の上でしか生きていけないということならば、その人は太陽系の中でのみ生存可能だという意味なのだ。

惑星は一方的に回転し、時間は一方的に流れる。これが太陽系の中のルールだ。太陽系は秩序だった時間システムであり、そこからさまざまなルールが生まれてくる。恒星はこの考え方にまったく従わない。これは原子のルールから抜け出した自由電子のような性質で思考すると、比較的理解できるものとなる。アーノルド・ミンデルは、人間の意識は素粒子のようなものと共鳴していると考えていたが、これは星雲界的、恒星的思想だと言えるだろう。自由電子は未来から過去に飛んできたりもするし、離れた時代、離れた空間に同時に、非局在的に存在する。これが恒星意識だ。

わたしたちが恒星に飛び出せないとしたら、惑星の一方的時間ルール、二極化の価値観、陰陽の相対的関係性の上で作られている価値観への同一化から抜け出せていないからだ。太陽系においては、太陽は惑星とのしがらみに捕まっていて、惑星は月のしがらみに捕まっており、これらは陰陽関係というルールに捕まっているとみなされる。

わたしは太陽系内存在と、星雲界存在というふうに、人間を二種類に分けている。それはもう書いたように、世界内存在と、グノーシス的世界外存在だ。前者を神の子羊、あるいは哺乳動物的人間と呼び、後者を本来の人間と定義する。前者はつながりや絆を大切にする。後者は、単独で存在する孤立的な人間だ。前者は、共感と同意を互いに強制し合うので、時には異常な集団行動にも走る。孤立的な後者は、環境に染まりにくいのだが、染まらないことが発覚すると危険にさらされるので、おおっぴらに行動しづらいだろう。

惑星輪廻

☆経験が満たされた時、人は太陽系から追い出される

太陽系の中にある惑星には、一方的な方向性と、決まった時間リズムがあり、しかも複数の惑星が組み合わされており、これは大きな意味での輪廻システムというものを作り出している。無時間を複数のサイクルの時間で割ったというイメージで考えてみよう。無時間を割ると、空間と時間に分割されるのだ。

この鋳型は、もっと長い時間のスパンの中で、いわゆる生まれ変わりのシステムも作り出す。仏教では7回あるいは6道輪廻という考え方があるが、7の数字の単位で、輪廻があるという意味でもある。これは7つの惑星を順番に体験するということだ。

この輪廻システムはさほど単純ではない。というのも、それぞれの惑星には複数の次元が存在し、地球にも12の地球があるとみなされていて、人の輪廻は、この中を複雑な曲線を描くように巡回する。ある説によると、惑星レベルにはカテゴリーというものがあるらしく、極端に異なるカテゴリーを輪廻巡回することはできない。ミシェル・デマルケの言うように、惑星人進化レベルは、カテゴリー1からカテゴリー9まであるとして、その存在がカテゴリー1（地球はこれ）だとすると、同様のカテゴリー1の中で他の惑星へと輪廻する。

最終的な目標としては、そのすべてを体験するということが主眼だ。すべてを体験するのに、端から順番に回る人もいれば、ランダムにあちこち飛びながら巡回することもある。あるいは時には人の体験をコピーして、そこを済ませてしまうこともある。小説を読んで実体験したとみなしてしまうのだ。このあたりの構造は錯綜しているが、いっけん秩序がないように見えて、より複雑な秩序があるということになる。

ひとつの惑星にたとえられる経験が不足していると、それが重さ、負荷のようなものになって、その人の存在は重くなる。人は知らないものに引き寄せられるのだ。そして太陽系から抜け出すことができないという事態になる。経験が満たされ、必要な項目をすべて自分の意識（光）で埋めてしまう、つまり既知になると、その環境にひきつけられる要素がほとんどなくなり、この太陽系から出て行くということになるだろう。むしろ出て行くというよりは、追い出されるということになる。太陽系が嫌って、その人を弾き飛ばしてしまうのだ。

☆輪廻巡回システムを一括管理する「連合」

これらの輪廻巡回システムを一括管理しているのが、「連合」というもので、たとえばエドガー・ケイシーは、良いことを何もしなかった前生があり、その結果として、転世のやり直しをさせられたと述べている。つまり連合は試験のようなものを課して、すべての人を審査してダメ出しをするような組織でもあるということだ。

連合は複数の星系の存在が関わり、それぞれの出自の星系の傾向が薄まっている集団だ。コートニー・ブラウンは、この連合のボスはかつて仏陀と呼ばれた存在だと主張しているが、仏陀はもう受肉できない。そして受肉できない存在状態というのは、元型のようなもので、その段階で、個人名とか個体としての仏陀という名称を使うことができない。

したがって、仏陀というのは間違いだが、仏陀の意識に共通面を持つ意識状態だとは言える。西洋人の中には仏陀に対してことさら崇拝する人がたくさんいるので、コートニー・ブラウンの意見も、こうした傾向から出たものではないかと思う。

☆人間は、神が作った人造人間？

コートニー・ブラウンは、小人の宇宙人グレイも連合に関わっていると言うが、グレイは人造人間のようなものだろう。とはいえ地球の常識から離れて考えてみると、人間と機械の境線ははっきりしない。機械という場合に、金属機械を考えてしまうから、人間と機械は違うと誤解してしまうわけで、たとえば内臓のどれかひとつをクローンに入れ替えてしまうと、これはもう機械と人間のハイブリッドであることに違いない。

グレイは人造人間だというと、太古に、人類も人工的に作られた生き物かもしれず違いがはっきりしない。人間は神の作りたもうた生き物だと言えば、それは神が作った人造人間だという話だ。そしてこの神をどこかの宇宙知性と置き換えてしまえば、地球人類は、どこかの宇宙知性が何かの目的のために作ったという話になる。

シッチンの話だと、惑星ニビルに住むアヌンナキは地球に金を掘りに来た。この作業がかなり面倒だったので、アヌンナキは金堀用に人類を作ったということだ。惑星ニビルは最近また地球に接近しつつあるという話もある。これは親が戻ってくるということだろう。とはいえアヌンナキが作った人造人間は地球人のごく一部なので、これがすべてと言うわけにもいかない。

☆7つの法則の大もとは、7つの星で構成されたプレアデス

平塚らいてうの、原始女性は太陽であったという言葉は、女性神アマテラスのことを述べているらしいが、このアマテラスはプレアデスから来たと言われている。天皇はプレアデス人の子孫なのだ。アマテラスはこの世界の支配者とも言える。つまり太陽系というシステムの輪廻システムなどは、プレアデスが作り出し管理しているとも考えられる。

よく言われるのは、プレアデスは7つの星で構成されていて、これが宇宙チャクラとか、また7つの法則などに関係する。そこで太陽系の内部での輪廻システムなども、この7つの法則をもとに設計されているということだ。

わたしたちは音楽を聴くときに、7音階のフレーズで受け取っている。この音楽が作り出す情感というのは、7つのシステム特有のもので、それ以外のものをあまり知らないので、想像しにくいが、太陽系の中の地球上においての対人的な感情、感興、感じ方、経験の仕方など、すべて7つの法則で作られているものの中で受け取っているものだ。この仕組みがないと世界は意味のないばらばらな資材置き場のようになってしまい、有意義なものを感じることができなくなる。

骨の髄まで、この7法則に浸されているので、それ以外の「世界の受け取り方」については

理解できない。つまり、このわたしたちの世界は、とことんプレアデス的なものに統括されていると考えてもいいだろう。実は北斗七星の7つシステムもここに重ねられている。しばしばプレアデスと北斗七星は混同されやすい。

☆恒星に住む存在をわたしたちが認識できない理由

太陽系から外に出ると、ほかの恒星があり、この恒星には連星があったり、あるいは惑星があったりする。地球人と同じような、個体として生きる生命体は、惑星にしか住んでいない。恒星に住んでいるのは、元型的な存在で、これは時間空間の制約を持たない。わたしたちはこれを生物として認識できない。もう書いたような仏陀の存在状態などが、これにあたる。

仏陀は、受肉することができず、応身としては働きかけることができる。応身とはエーテル体のことだ。これは千人の人がいると、同時に千人の仏陀があらわれるという現象になる。エーテル体というのは生命体と翻訳されるが、形になる前の形の祖型と考えると良い。

宇宙の空間はエーテルで満たされていると考えられたが、物質でないので、科学的には否定される。科学的に否定されるのは、それを検証する物質的手段がないからだが、物質的であるものは常に空間的、時間的に限定され、いまここにしかない、というものなので、応身としてのエーテル体などについては、科学的思考では認識できない種類のものだ。

第２章　なぜ、わたしたちは宇宙魂を忘れてしまったのか

宇宙とのつながりを切り離し、孤立した地球

☆7つの法則が断ち切られた地球

この全太陽、太陽、全惑星、惑星などは、同心円的に同調していて、同調している間は上からも下からも情報は「共鳴的に」筒抜けに入ってくる。この複数次元が同心円的に同調しているという有様は、図形的には、早い回転のものは推力が高いので、上に上がり、遅い回転のものは相対的に下に下がり、図形としては、どんぶりをひっくり返したような形としてたとえられる。そして、ほんらい、わたしたちはどんな場所にも、どんな存在にも同調できる。空間的に離れていても、それはあまり障害とはならない。

ところが、地球はこの軸からずれて、孤立した。ひとつのものが7つに分岐して、またそのひとつは7つに分岐するという連鎖が基本だとして、地球では月がひとつしかないので、地球でその法則の連続性が断ち切られる。

この段階で、空間的に離れているものとは、意思疎通できないし、そこに出かけなくては、その状況さえ見ることができないという存在の分断状態を体験することになった。大小の間で共鳴できなくなったのだ。そして人間としての個体も、他の個体とは意思疎通がしづらくなっ

た。相手が何を考えているかわからない。大きなところでの共鳴の輪をはずしてしまうと、その内部にある小さなものはみな同じ構造になり、互いに共鳴することが困難になったのだ。

とはいえ、マクロコスモスとミクロコスモスは鏡のように共鳴しているという理屈からすると、大きなところから、小さなところに至る途中で、分断が生じたので、ミクロコスモスにおいても、あるところでは分断がある。しかし大なるものと、ミクロの中においての極小のものは分断されていない。途中のある段階からある段階まで、孤立し、分断されていると考えると良い。これは不自然な分断だ。

☆月に引きずられる地球

これはひとつの実験だったと思われる。全太陽、太陽、全惑星、惑星、全月、月という連鎖は、振動密度が高いものから、振動密度が低いものまでの連鎖だ。そして振動密度が低くなると、反比例的に物質密度は高くなり、より物質的になる。物質とは、特定の空間、特定の時間の中に孤立し、ほかの領域との関係が希薄になった有様をあらわしている。

地球が同心円的共鳴から孤立したというのは、地球は、惑星が本来あるべき水準から脱落してより物質側に傾斜したことになる。他の惑星はそこまで逸脱していない。振動密度が低い、物質密度が高いというのは、創造の法則に従い、下に落ちることで、ひとつひとつが分裂し、孤立し、そして数が増える。本来この関係はひとつのものが7つに。そのうちのひとつが7つにという連鎖で、より濃密な物質まで繋がっているので、そこに秩序がある。だが、地球は、惑星レベルとしての平均水準から下に脱落したので、この地球から下にぶら下がった物質成分も全体的に重くなっていて、地球はおおもとのルーツとの関係性が薄くなり、どことも通信できにくい環境になった。

太陽、惑星、月という連鎖の中で、地球がぶら下げている月が重すぎて、それに引きずられて、太陽と地球との間の隙間が大きくなり、これは生命の樹などでも、裂かれた裂け目などで描かれているが、地球に宇宙法則が反映されにくいように、その上に住む人間も似ているので、誰もが、身体のどこかに切れ目を持っている。人により、首だったり、胸だったり、腰だったりする。上にあるものが下に伝わりにくい断層が、身体のどこかの部位にあらわれるのだ。

わたしたちはことあるごとに、この切れ目が疼く。このトラウマのようなものを持っていない人はひとりもいない。

☆地球を孤立させた目的

地球上においての特殊状況とは、個人がばらばらに考え、行動するということだ。あるいは孤立した個人を守るかのように、経済システムができてしまったというのも特殊状況に違いない。経済主義とか物質主義はほどほどさを持っておらず、かなり極端なところに走っている。もしわたしたちがほかの存在と、意思疎通してしまうと、このばらばらに行動するということはなかなかできにくい。犬が、ほかの犬と種でつながっており、一匹の犬の体験はほかのすべての犬に共有される。このような特徴は、宇宙的な存在においても共通した特徴だ。ひとりのグレイに何か言うと、ほかのグレイすべてがそれを受け取る。でも、地球においての実験の結果、同じ種でも通信できなくなり、ばらばらに行動する。孤立する。寂しくなるということだ。

同じ血を持つファミリーは、先祖の体験を思い出すことができたので、それは繋がった生き物のようなものだった。この繋がった生き物を、古代の人々は視覚的にも認識できた。ここでは個人が死ぬというのは、もっと大きな生き物のいわば一日の終わりのようなものとして受け取られた。確かに古い時代、こうした視点で考えたり、見ていたりした時代があったのだ。しかし混血することで、この血が持つ記憶は断絶したということも、この個人を切り離して、ばらばらにすることに貢献した。

このようにしたことの目的はいくつか考えられる。より大きな範囲においての、たくさんの宇宙の種を、模型的に地球に持ち込んで、互いの交流を作り出すということもある。

より大きなつながりを作り出すために、いったん同種の意思疎通の輪を断絶させ、物質的な枠に閉じ込める。つまり地球は異種のものとの出会いの場と考えてもいい。そのために、ひとりひとりの力を極端に弱め、影響力を弱めることで、互いが蒙る損害が少ないようにする。たくさんの宇宙の種が地球に放り込まれた。ひとりひとりの力を弱めるというのは、いわば足かせ、手かせをつけて、あまり身動きできない状態にして、出会いの場に向かわせる印象だ。

地球に送り込む人材は、ほかに仕事がない暇な存在でなくてはならない。一番いいのは、それぞれの星系での犯罪者たちで、逃げられない環境である地球を収容所にして、そこにさまざまな場所から送り込まれる。

プレアデスのグループは、特によその植民地から、犯罪者、半端者、未発達の存在を大量に地球に連れてきた。この人々はプレアデス出身という記憶を持っているが、もう少し細かく掘り下げると、アフリカの人々がアメリカに連れてこられたような感じの部分を思い出すことになるだろう。

☆プレアデスの法則にほころびも…

個として閉じ込められていない、開かれた意識の人は、その人から強い磁力が放射される。この言い方は間違っているかもしれないので、言い直すと、個として閉じ込められていない人は、身体の輪郭の外とさほど遮断されていないので、結果的に身体の周囲の空気も、その人の意識と連動しやすい。それが結果として、一見、周囲に対する強い磁力を発揮しているように見える。

こういう場合、影響力がとても強く、この磁力にはじかれるように感じて、個としての意識を維持したい人は、この人になかなか近づきにくい。わたしから見ると、近づくと眩暈を起こすような印象があって、どこか判断が狂う感じになる。地球上に宇宙種族のいろいろなタイプの人を連れてきても、虫の息くらいに弱めておくと、別種の生命と会話もできるというものだ。

この点からすると、太陽系システムは、原始女性太陽としてのプレアデスが純粋に統括することができなくなっている面もある。ほかの星系の干渉があり、いわばプレアデス法則に、ほころびが発生し、エデンの園、あるいはタカマガハラには不穏な動きが作り出されたとも。

☆自由を求めると、宇宙的には孤立する

わたしが頻繁に主張していることだが、わたしたちはグレゴリオ暦を使う。しかしこれは宇宙的に孤立し、前に何もなく、後ろに何もない暦だ。本来、より大きな次元からより小さな次元までつながった途中の場所でなくてはならないのだが、グレゴリオ暦は中空に浮かんでいる。同じように、本初子午線としてのグリニッジもまた無意味な起点だ。カレンダーは28日とか30

日とか31日であったりする。これらは偶然性の介入によって、宇宙的な法則の鎖を断ち切るという目的がある。

でたらめな時間サイクルを作って、より大なるコスモスとの共鳴をしないように計画しているのだ。アメリカは自由の国というが、この自由というものは、より上位の次元との関係を切り離すことで実現する。自由であるためには、神とつながっていてはいけない。そして上位の次元とつながりを切り離すことは、横のつながりを深めることになる。神とは繋がっていないが、家族とは仲がいい。これは宇宙的な意味での孤立感をよけい高めることになる。身近なところでくっつきすぎると、外に対しては閉鎖的になるのだ。

地球の孤立プロジェクトには数々の矛盾が含まれているように見えるが、たくさんの宇宙の種とつながるために、同心円的な上のつながりを切り離して、なんとなく乱数的な場を作り出したということだ。乱数というよりは偶然性の介入だ。

本来法則の連鎖の世界の中では、偶然はまったく存在しない。しかし、地球上では、偶然なものなどないと言うほうが驚かれる。法則から逃げ出したい人は、偶然という夾雑物を入れて、チェーンを切り離し、無意味な部品の堆積にしていく。ただあまり徹底性はないように思う。

それぞれの人にルーツがある。このルーツを忘れることで、地上においての家族的なつながりができる。地上においての家族的なつながりから距離を持つことで、本来のルーツを思い出す。家族の血筋と、魂のクラスタは似ても似つかない。

家族の血筋と、地上においての本来のルーツもかなりかけ離れている。そもそも天の父と地の母は違う。法則的には唯一の法則があり、これを二分することで、父と母あるいは天と地が出来上がり、二分したものははっきりと違うふたつになるが、地球上においては、この二分したものには、さらにねじりがあり、ほどくことが困難な糸の絡まった状況が出来上がっている。

☆宇宙知性が、地球人が失った記憶を目覚めさせる？

この互いの孤立、互いのエゴを強める、人間ひとりひとりを小さな存在としてコンパクトにしておく、という方向は最初は計画的に進められたのだが、いったんその方向で進むと、慣性が働くように、途中で引き返すことができにくくなり、原爆を作って投下した段階で、末期に来たと判断された。

これ以上先に進むと、地球が破壊され、その影響は宇宙のすみずみにまで波及する。が、外から干渉はできないというルールがあり、そのために、内部から影響を与えようというところで、次々と宇宙存在が地球に生まれてくるという流れが、１９４０年代から始まったというのがドロレス・キャノンの見解だ。

しかし地球の条件があまりにも過酷で、内部で生まれてきても、記憶を失ってしまうことになりやすい。近年、さまざまな宇宙知性が地球人にコンタクトしているのは、この記憶を失った人々を目覚めさせるためだ、という説がある。もともとの自分を思い出さないことには、地球に生まれてきた目的が果たせない。ウエイクアッププログラムも用意していたが、予想よりも地球の閉鎖性は強かったのだ。

☆地球的性質に馴染めないスターピープル

ただ、1940年代以後からやってきたスターピープルは、古い時代に連れてこられた犯罪者、はぐれ者などのスターピープルとは性質が違う。これらの人々は太陽系の中においての前世体験がないので、なかなか地球に馴染めない。そこでアカシックレコードから、適当に引き出した記憶を埋め込んだり、生まれた後からでも、身近な誰かのものを借りたり（盗んだり）しながら、人工的に記憶と感性を構築する。

でも、やはりこれは不自然なので、どこかで不適応症状を起こしたり、神経的に混乱したりするので、とうていスターピープルに見えないケースもある。わたしが前から疑問だったことは、あきらかに「連合」から来ている存在であるにもかかわらず、地上では、行動に乱れが発生したり、性格的におかしなところがあったりする人が複数いたことだ。これらは地球的性質を乗りこなせないことからきているのではあるまいか。母体から引き継いだ身体素材の中に、自分が予想もしなかったような癖があり、それを本体がうまく乗りこなせない。

それにそもそも地上では異常な教育を受けてしまう。アサジョーリの考えとは反対に、身体、感情、思考などと同一化して生きなくてはならないなどと言われると、借り物のできそこないの身体を、自分だと思い込まなくてはならないので、すぐさま自殺したくなるような悲惨な状況に甘んじなくてはならないのだ。

キロン、おおもとにあるケンタウルス

☆土星は皮膚の牢獄？

地球が孤立するようにいろいろなことが行われた。しかし月がひとつしかない地球は、そもそも孤立するのに適した性質をあらかじめ持っていた。放置しておいても孤立はする。しかしもっと確実にシステムを作ったほうがいい。

ここでは太陽系の中での土星の閉鎖ということも大きな役割を果たした。もちろん太陽系の中で、土星が実際に孤立しているという意味ではなく、わたしたち地球に住む人々の意識の中で、土星よりも外の惑星はないと長い間教えられてきたということだ。古代文明においては天王星さらに外の惑星は知られていたが、しかし西欧文化においては、急に原始時代に入ったよ

うに知識水準が落ちて、天王星、海王星、冥王星さらに外側の惑星については無知な状態になってしまった。

シュタイナーによると、西洋人はとことん物質的で、現世的な事柄に執着しすぎていると言う。これが西欧の中世の暗黒時代、鎖国主義なども作り出してきたことは間違いないが、かつて持っていた知識を大幅に失った。

土星は有機体を外界から孤立させ、その有機体特有の生存を安定して維持することに関係していると言われている。これを象徴的に「皮膚の牢獄」と言う。わたしたちはみな皮膚の牢獄に閉じ込められていて、どこにも広がることができない。土星は皮膚や骨などをあらわすのだ。

☆わたしたちが持つ、もうひとつの輪郭

実はわたしたちの身体はこの皮膚の牢獄に包まれている輪郭とは違う輪郭を持っている。だが、それを見ないように教育される。幼児の頃には、わたしたちは実は皮膚の牢獄の輪郭を知らない。このように見なさいと教育されて、やっとこの輪郭を自分の境界線だと認識する。たとえば幼児は鏡の中の自分を見て、それを自分とは認識できない。もっと正確に言えば、自分らしき輪郭を持つ形と周囲の空間を切り分けることができない。

だまし絵を見ると、たとえば乱雑な模様の中で、視線をどこかに合わせると、そこに三羽のアヒルを見たりできる。視覚は思考の反映であると言うが、まず幼児は鏡の中にある漠然とした光景の中で、自分というものを切り出す練習をしなくてはならない。

猫はわたしたちが見ているものと同じものを見ているのかというと、微妙に違うものを見ている。わたしたちが見ることのできないものを空中に見ている。わたしたちも皮膚の輪郭以外のものを見ることはできたのだが、早い年齢から、それらを見ないようにする訓練を受けた。

アトランティス時代の初期とか、空気と水、陸地などがまだはっきりと分離できず、人らしき生き物も、この流動するものの中を、泳ぐように生存していたとプラトンは言ったが、幼児の時には、似た状態を体験する。

人間の成長は世界の歴史を追体験する。幼児の身体は母体の中で用意されているが、魂のような本体は、まだここに接近しておらず、また生まれた後も、しばらくの間は、この身体的な存在性に、ぴったりと合わせきれないで、はみ出したり、近くにいたりするが、すると、身体感覚を通してのみ知覚できる空間的な輪郭というものを視覚的に認識できないままになってしまう。生まれた直後は、自分の手足がどこにあるかさえわからないので、でたらめに振り回したり、知らない間に何かにぶつかったりする。

☆宇宙魂に向かうために、越えなければならない壁、小惑星キロン

太陽を中心にして、惑星はそれぞれ同心円を作るように、公転の輪があるので、これらを複数の輪郭とみなしてみよう。この中で、土星のサイズのものを、わたしたちはいま、身体の輪郭としてフォーカスしていると考えてみよう。他の輪郭を身体とみなしてもいいのだが、いまのところ、とりあえず土星の輪郭を物質的身体の輪郭とみなしているのだ。

土星が皮膚の牢獄だとすると、これよりも外の軌道に天王星があり、より開かれた宇宙的な精神は天王星が象徴しているとも言える。

わたしたちは土星の身体の外に、天王星の身体を持っているのだが、肉眼でそれを身体の輪郭とみなすことができない。土星と天王星の間には、キロンという小惑星があり、このキロンは、誤って毒矢で死んだという神話がある。キロンは天王星と土星の間にある溝なのだ。

土星と天王星の間に、越えられない溝ができた。わたしたちの生活は、合意的現実としての土星の枠に閉じ込められていて、天王星に向かうには、凝り固まった信念体系を開放しなくてはならないが、それはとても難しい話だ。地球魂から宇宙魂に向かうには、この障壁を乗り越えなくてはならない。土星は権威者、常識、変化を嫌う精神、抑圧者として働く要素も強い。

このキロンはケンタウルス群の中にあるものと考えられているが、より大きな源流は、ケン

タウルス座にある。人間は今の形に転落する方向性はアジェナで作られ、元に戻るのはトリマンだ。

☆地球に貫通していたトリマン

トリマンには、いわゆる聖白色同胞団という、連合に関係したグループの教育組織がある。そしてそこから長い歴史の中で、地球に頻繁に来ている人々がいる。京都の鞍馬山などの関連はこれにあたる。あるいは伝説の地球空洞の中にあると言われているシャンバラなどだ。ただ、これは地球の複数の次元のうちの一つなので、地続きで、そのまま地球の内部に向かうと、そこに行けるという意味ではない。いわば微妙な次元移動が必要だという意味だ。

太古の時代、地球はきっぱりと地球という輪郭を持っていたわけではないし、火や水、土、空気がきっぱりと別れているわけでもなかった。そしてこの時代、トリマンはケンタウルス座にあるとは言え、地球とのはっきりした区別はない。つまり今のような空間認識で捉えていたわけではなかった。トリマンなどは地球に貫通していた。世界に共通した神話がたくさんあるが、どうやって伝わったのかということを考える前に、まずは、空間的に分離していない世界があったと考えたほうが早い。

☆トリマンで自分を取り戻し、光の体を取り戻す

宮沢賢治の銀河鉄道では、宇宙に飛び出す「神への階段」の最初の場所はみなみじゅうじ星の位置で、そこからすぐにケンタウルスに向かう。わたしは宇宙旅行では、まずはみなみじゅうじに行ってもらい、船としてのカノープスに行く。みなみじゅうじはいわば船の碇だ。そしてそのままケンタウルスに向かうのだ。

回復のためのトリマンだが、回復するには、どうやって落ちたかを知らなくてはならないので、ここではアジェナに行く必要もある。それは合わせ鏡のようなものなのだ。この小型版として、太陽系の中にあるキロンは、アジェナとトリマンの両方の性質がある。キロンはケンタウルス座の模型なのだ。

トリマンで自分にとって理想的な先生を見つけ出すことができると最高だ。人馬の人と馬が切り離されて、頭でっかちの人になった存在は、ここで人馬に戻る。いわゆるケンタウルス意識だ。そうすればシリウスに向かうことができる。人馬は人と馬だが、これは肉体とエーテル体という言い方をしてもいい。そもそもエーテル体は人の形をしていない。それは人でない何者かの姿をしている。トリマンでもとに戻るとは、この人の形ではない何かを取り戻すということになる。

トリマン体験によって、自分を取り戻すと、そのまま、太陽系の中では、自動的に、土星の皮膚の牢獄、すなわち人の形をした皮膚から、天王星的な光の体に戻ることを意味する。それまで見えなかった輪郭が見える。視覚は思考の反映であるという点で言えば、自分の中の土星的信念体系を克服できると、天王星身体の輪郭が目に見えるようになる。

土星は皮膚の輪郭だが、天王星はその外にあるという意味では、皮膚の外に広がる光の体と考えるといい。ある研究者は、天王星はエーテル体をあらわし、海王星はアストラル体をあらわすと書いているが、天王星は、人の形というよりは、光る球体だ。

キロンは傷つけるもの、癒すものという両方の意味が含まれていると言われているが、ケンタウルス座のアジェナ、トリマンの体験をしないことには、キロン単独では何も進まない。キロンは模型的に、社会的な活動の中においての役割に限定されていて、存在そのものの根底的な意味においては働きかけることは何もなく、ケンタウルス座がメインなのだと考えよう。

つまりキロンは時間が規則的に進む世界においてのケンタウルスの模型で、本来のケンタウルスのアジェナ、トリマンは、時間の外の領域にある。時間の外にあるとは、時間が前に進むこともあれば、反対に進むことも可能で、ここでは分断、転落というのは反対の意味もあわせ持つ。つまり融合とか上昇などだ。

時間を自由に動かせるということは、分断のシーンに向うこともできれば、コースを反対にして、融合して上昇することも任意にできる。キロンでは固定的な時間の流れの中にあるので、強い制限がある。そしていったん分断されてしまうと、その傷が長く残り、取り返しがつかない感覚を生み出し、人生に影を落とし、そしてカルマになる。キロンの中では、歴史の中で、時間経験の中で分断されたという記憶が蘇生するが、アジェナ、トリマンでは、その元型的な記号がある。

☆宇宙魂の目覚めへ、天王星より外の輪郭を手に入れる

宇宙魂に戻るには、ケンタウルス体験は必須のものだ。物質としての輪郭を超えて、意識を同調すれば、どんなものにも接触可能というボディを手に入れる必要があるのだ。

天王星の公転周期は84年くらいで、わたしたちの一生の時間サイクルだ。わたしたちそのものは、わたしたちを対象化して見ることができない。より小さなものならば、対象化できる。それは土星の皮膚の輪郭なのだ。わたしたちそのものは天王星の周期で生きている。そしてわたしたちが対象化しているものが、土星あるいは土星よりも内輪にある天体だ。天王星より外の天体は、見えない天体だと言われているが、それらがあらわす事柄も、わたしたちから見ると見えない事象なのだが、それはむしろわたしたちの実体なのだ。

第3章　「感情体こそ、自分である」と認識する

霊・魂・魄・身体

☆人間は、身体、感情体、思考体の3つの結合体

人間存在は、身体としての存在がすべてというわけではない。昔からよく言われる霊、魂魄、身体という言葉を整理してみよう。

霊は恒星にあたる。魂は太陽系。その分割したもの、つまり分割魂が惑星。そして魂魄の魄という言葉は、月の身体、エーテル体に対応すると考えてもいいのではあるまいか。恒星を考慮しない太陽神信仰の世界では、霊は存在しないと考えられる。キリスト教は西暦紀元後、数世紀の間に、徐々に霊を否定する傾向になったのだが、さらに魂は生まれて後に発生すると主張した。現代では魂は存在せず、身体だけがあり、意識や思考、感情は身体の随伴機能と考えられている。人間存在を卑小化するというプログラムは歯止めがきかないまま、慣性に従って、進行している。

この枠組みとは多少言い方が違うが、人間は3つの組織が結びついたものだと考えられている。身体と感情体と思考体だ。

これが霊、魂、魄、身体と違うのは、人によって思考体が霊にまで届かない水準にある場合

もあれば、霊我として、思考体が、霊と一体化している人もいるという違いなどがあるからだ。感情体も高次な領域が発達しておらず、魂を理解できないという場合もあれば、象徴的な領域にまで発達しているケースがある。細かく言えば、身体も、感情体も、思考体も、各々７つの階層があり、畑の作物のように、人によりどこかの階層が発達していたり、どこかが弱かったりという違いがある。とりあえず今の段階では、霊、魂、身体などを、思考体、感情体、身体と直接結びつけずに考えよう。

身体、感情体、思考体の関係をつかむ

思考体がどこかの星雲系に属するルーツを発見し、感情体が、また違う星系のルーツを発見するると、わたしたちは、ある星系と異なる星系と、そして地球の身体を持つというハイブリッド種になる。

実はこの数は多い。ハイブリッド種は、もっぱら地球で生まれてくる。地球に生まれてきたというだけで、もう地球身体を持つハイブリッド種だ。

地球はハイブリット種を作るための実験場とさえ考えてもいい。種々の主張があるので、いくつかの宇宙種族の勢力が衝突した。エデンの園は実験場のことだが、神あるいは鷲族として

のプレアデスに対して、蛇族としてのシリウスは、神の計画とは違う目論見をエデンの園に持ち込んだ。

　一説では今後は、プレアデス統括からシリウス統括に変わるという話がある。

☆中心的な役割をなすべきは、身体ではなく、感情体

　宇宙魂に目覚めるとは、まずは、人間とは思考体、感情体、身体という3つのオクターヴでできているということを再認識することからスタートする。そして身体とはまったく別個のところから感情体がやってくる。さらにまったく別個のところから思考体がやってくるということを理解しなくてはならない。身体からすると、感情体も思考体も外部の、別個のものなのだ。しかし感情体を自分とみなすと、感情体は、地球の素材を拾ってかき集めて、身体を作ったというふうにとらえられるので、感情体がよそから来たのでなく、身体が旅先で現地調達されたという印象になってくる。

　身体はより低い振動のものからより高い振動のものまでの7つの要素でできている。低い振動というのは、物質的には密度が高い。この物質の階層は振動の低い順番で、金属、鉱物、植物、水、空気、火などになる。

　音で考えると、ド、レ、ミ、ファ、ソ、ラ、シまでだ。このうち、ミとファの間は半音と言われるように、欠損があり、自力ではミからファに上がれないで、進化が途絶える。そこで、よそから来た感情体は、このミとファの間の不足部分を補うように干渉する。すると、身体はそのまま進化することができるようになる。ところが感情体も7つで構成されていて、やはりミとファの間に寸詰まりがあり、これをまたよそから来た思考体が干渉して助ける。

しかし、よそからきたものが、この身体や感情体を助ける理由はなんだろうか。なんらかの目的があって、近づいてきたはずだ。

禅の十牛図では、身体オクターヴは、牧童として描かれ、ある朝起きたら、牛がいなくなっていたので、あわてて牛を探しに出る。感情オクターヴは牛だ。牧童は牛を見つけ出すが、しかし実は牧童が牛を見つけるのでなく、牛が牧童を引き寄せたのだ。

身体は自分がミから先に進化できないので、憔悴した牧童のように、方法もわからずうろうろしていて、その時に感情体としての牛が身体を引き寄せ、不足を補う。

わたしたちは現代においては、身体という物質的な存在が自分自身であるとみなしているが、この考え方はあきらかに間違いで、実は感情体こそが自分であると考えたほうがいい。正しくは、わたしたちは身体、感情体、思考体の3つの結合体だが、このうち、中心的な役割があるとしたら、それは感情体だという意味だ。機械として機能する身体よりも、思ったり感じたり考えたりすることができるものを実体と考えるのは当たり前だ。行為をする時にも行為そのものより、まずは行為しようという意図のほうが主体であると考えるのは当然だ。テレビ放送は、テレビの受像機が主体でなく、テレビの放送が主体だ。

☆物質的身体は、感情体に引き寄せられ作り出される

感情体は物質的に目に見えない。感情体の一番低いところにあるのが空気だ。つまり身体の進化の限界点が空気の振動のところだ。この感情体を、十牛図式の牛だとみなした場合に、牛は牧童を引き寄せ、牧童としては、自分が探し回った結果、牛を見つけ出したのだと思う。牧童は自分を中心にものを見ているからだ。

物質的身体は、この見えない感情体に引き寄せられて、金属、鉱物、植物、水、空気、火（つまり熱）などを階層的に集合させて、身体を作り出す。これらを一気に集めるのでなく、振動の高いものが引き寄せられ、次に、もう少し低いものがその周りを囲み、またさらに低いものが、自分よりもひとつ上にあるものの周りを囲む。これは進化の法則によって、自分よりもひとつ上の振動のものに対して、その周りを巡るという引き寄せの法則が働くからだ。あるいは創造の法則による振動密度の高いものから、振動密度の低いものまで順番に並ぶ。上と下は直交の関係で結びつく。

身体から感情体が離れてしまうと、この身体は一瞬で分解してしまう。引き寄せられて、より濃い物質として形になるが、集合力は身体にはなく、感情体のほうにあるので、身体を実体と考えるのはあまり妥当ではない。そこに自立性も、また意図も存在しないからだ。わたしたちは生物進化をまるで偶然の出来事のように推理する。そしてまったく意図不在の存在だとみなす。これは身体を中心に考えるからだ。身体に実体はなく、地球素材をかき集めた仮の場でもある。かき集めるための磁力のようなものが感情体の作用だ。磁力は、ものではないので、いわば実感とか欲というものでできている。

☆いずれ、感情体は身体を手放し、思考体は感情体を手放す

実体としての感情体は、この物質的な地球での生活に関心を抱き、その乗り物を欲しがって、地球に同調できるセンサーである身体を引き寄せた。身体がないのなら、地球世界が見えない。地球世界の中を覗くために、それにふさわしい身体を、地球にある素材をかき集めて作ったのだ。地球の内部を見るには、地球にある素材を複合して、そこから伝わってくるものを内的に感じ取ることで可能になる。

身体には地球に存在する非常に多くの素材が集合しており、六価クロムも砒素も金も鉱物も集合している。それらが体内で進化して振動密度が上がり、燃えていく時に、そこで発生する感覚、いわば摩擦とか抵抗感のようなものを、人体の中で味わいとることで、地球生活の情報を得る。

地球上の素材をたくさん集めるほど、体験は複合的でバラエティを持つので、いろいろな種類のものを食べたほうがいいということにもなる。たくさんのことを体験したくない人は、しだいに食べ物が単調になる。たとえば、もり蕎麦しか食べない人がいるとしたら、それはもう世の中のいろいろなことを見たくない、関心がない、いろいろ悩まされたくないということなのだ。

ただ、感情体が物質身体を引き寄せるというのは、とても負荷が大きく、かなり無理なことをしていることでもあるので、長く持たず、全員がせいぜい80数年で、バラエティある地球素材のかき集めの身体を手放してしまう。しかもこの80数年も連続的体験できず、細切れに、ここから退避する。24時間のうち、7時間程度は逃げ出すのだ。

もうこれ以上、ここでの情報収集は必要がないだろうと判断した段階で、地球素材を掴むことをやめてしまうのだ。でも、この感情体も、実は思考体に引き寄せられていて、思考体と感情体の関係は、感情体と身体の関係に似ている。ずっと長い時間スパンの中で、ある時期思考体は感情体を手放す。

☆感情体（思考体）のわたしは、どこから来たのか？

宇宙魂に目覚めるとは、感情体のわたしは、どこから来たのか。思考体のわたしはどこから来たのかを自覚することから始まる。重い身体をぶら下げる、その負荷によって、記憶喪失しているのだが、むしろミクロコスモスへの浸透によって、意識ははっきりする。身体から離れるというよりも、身体の奥の微細な部分まで、自分が入り込むことで、感情体は身体をさほど負担に感じなくなる。打破すると言えばいいのかもしれない。

たとえばオーディオのスピーカーにしても振動板が重いと、音楽の微細な信号はあまり再生しなくなる。こういう場合、振動板を軽くするか、あるいは反対に、アンプのパワーを圧倒的に強力にして、振動板の重さがほとんど問題にならないくらいに駆動するかだ。

グルジエフは、振動密度を水素番号で表記した。この水素番号は間違いで、法則番号という形に置き換えたほうがいい。というのも水素番号にしてしまうと、原子よりも微細な物質を想定できなくなってしまうからだ。グルジェフは、感情体のうち、高次な感情をH12と呼び、さらに高次な思考に対応するものをH6と名づけている。感情体のH12が発達すると、それは原子に浸透し、太陽系に相応するものに自分を広げていく。H6が発達すると、それは素粒子に浸透し、恒星領域に自分を広げていく。

人間や動物のような生命の形をしている存在は、惑星にしか住んでいない。意識が素粒子などに貫通すると、これは人間や動物の形になる必要はないということでもある。これは個体がなくなるというよりも、わたしたちの目ではこの個体を見ることはできないということだ。いわば見えない液体のようなものかもしれない。これは身体を克服したという言い方もできるし、身体の重さをはるかに超えてしまって、負荷にならなくなったということでもある。

今のわたしたちは、何か食べものを食べても、この消化の負荷が重すぎて、これに引っ張られて、意識も物質密度の濃いところに引っ張られ、微細な意識を感じる暇がなくなってしまう。重たいものを上昇させるには、その重たいものにいったん同化して、そこから自分で上昇していくという肩代わりの力が必要だ。食物は自動的には上がらない。わたしはひとりで原稿だけ書いている生活では、玄米と味噌汁とこんにゃくだけで済んでいたが、これではたくさん人が集まる場所で講座することはできなかった。何か勢いに負けてしまう。

そこで、人が集まる場所で話をするために、講座の会場の隣にあったロイヤルホストで、ステーキを食べていたのだが、地球に住んで、他の人と関わるには、同じ負荷を体験しなくてはならないということだ。この重い負荷を背負って、消化しようというところから上がってくる摩擦感、熱感、抵抗感は、その人の感情となり、体験のリアリティ、つまりどこに目を向けているか、という注意力の方向性も作り出す。

☆身体、感情体、思考体はひとつとは限らない

感情体は、地球環境のいったい何に関心があって、ここに来たのか。それをあきらかにする必要がある。思考体や感情体は、強力な場合、あるいは目的しだいで、複数の身体を宿り木にすることがある。計画的で規則的な感情体は、地球上で、決まった地点に情報を拾う身体を持つことができる。感情体は、複数の身体から情報を同時に取り込んでいるケースがあるといっても、これを想像するのは難しくない。

なぜならそもそも身体素材は複合的な階層を持つ。金属、鉱物、植物、水、空気、火などを集めているということは、身体も実はひとつ、ということより、たくさんの身体をバラエティ豊かに集めて、これらの複雑な情報を同時に受け取っていると考えると、感情体がさらに、たくさんの個体を同時に集めていると想像することは少しも不自然ではない。複数の身体を持っているとすると、金属的身体、鉱物的身体、植物的身体、水的身体、空気的身体、火的身体ということも考えられる。

思考体はさらにたくさんの感情体を集めている。思考体はたくさんの感情体を。そのうちのひとつの感情体は、たくさんの身体に接続しているほうが、より充実し豊かな生活ができる。

☆土星輪郭の視覚から、天王星視覚へシフトしよう

母体は身体を用意するが、妊娠して出産する期間の間のある時期に、感情体は、母体に近づいてくる。しかし身体と感情体は一致せず、感情体は遠巻きに見ている。やがて母体は出産する。その時に、感情体はまだ離れて様子を見ている場合もある。生まれて後も、感情体は、身体の頭、肩、手、足がどこにあるのか、はっきりわかっていない場合もある。つまり身体と一致していないのだ。

時間をかけて、感情体は身体と磁力的に結びつき、その後、物心つく時に、思考体がやってくる。感情体が身体と深く結びつくことにひどく時間がかかる人もいる。大人になっても、中途半端に結びついていることも。感情体が、身体を気に入っていない場合には、感情体は身体を人事のように見ている。身体は、感情体の磁力によって集合しているので、感情体が気に入っておらず距離を保とうとしている場合には、たいてい身体は不調な人が多い。生きていることがひどくつらい。

思考体の強い特徴とは、無関心だ。なぜなら思考は感情ではないのだから。感情体の持つ特有の欲というものが、思考体には備わっていないのだ。なので中には思考体が、感情体に対してもまた身体に対しても興味がなさそうなまま一生を終える人もいる。目の前にあるものに興

味を向けて、これが欲しいと感情体が言ったとしても、思考体はどうしてそれに関心を持ったのか理解できていないかもしれない。

皮膚の牢獄を作り出す土星の障壁は、人間とは身体が中心の、意図の存在しない生き物であると言い張る。見えるものだけが真実なのだと言っても、この見えるという視覚が、ある特定の部位だけを見ることができるように人工的に教育されたものなので、見えるというのは、人によって時代によってかなり境界線が変動していることを忘れてはならないだろう。

もう書いたように、ケンタウルス座を体験し、土星輪郭の視覚から、天王星の視覚にシフトするのが良い。魚は水をあたかも空気のように見ている。なので、魚には水が見えていない。しかし、わたしたちは水を水と見ることができる。天王星視覚になると、この空気をあたかも水のように見る。それは波打っていたり、色が違っていたり、渦を巻いたり、光ったり、模様ができたりする。

第4章　宇宙へ旅立つ前に、知っておきたいこと

宇宙へは感情体で飛び出す

思考体に関係した星系、感情体に関係した星系。これらを探すために、感情体が宇宙に飛び出し、あちこちを旅行して、そこで自分に縁がある場所を見つけ出すのが適している。しかし自分の場所を見つけ出すには、まずは複数のところを転々と移動して、比較もしなくてはならない。いきなりある場所に行って、最初から、ここだとわかる人は少ないと思う。

ひととおり、宇宙旅行するには、わたしは決まり切ったツアーを組んでいる。この定番的なツアーコースを辿ってもらい、この中で特徴的なことを独自に感じてもらうといいのだ。たとえばわたしはカンボジアに行ったが、とても気に入った。しかし人によってはカンボジアは嫌いだという人もいるに違いない。行ってみなくてはわからないのだ。同じように宇宙旅行も、行ってみると思わぬ体験をすることはとても多い。

☆感情体が自分のルーツにたどり着いた時、思考体は眠りから目覚める

身体、感情体、思考体の中で、遠くに飛び出すことができるのは感情体だけだ。この感情体が自分のルーツにたどり着いた時、その感情体が戻ってきて、宇宙で獲得した余剰の活力を、思考体のミの音にぶつけて、結果的に思考体は眠りから目覚めて、自分を思い出す。

ただ思考体、あるいは感情体の高次な領域は、そもそも個人という性質を持っていない。個人として認識するためには身体が必要で、特定の空間、特定の時間にしか存在しえない身体、正確に言えば、感情体と身体が接合した部分においてのきしみ、こすれ、摩擦というようなところで、個人として存在することを認識する。わたしがここにいる、と認識するためには、周囲の空間と自分をわけて、つまり遍在する空間に抵抗することが大切で、この抵抗感がわたしという実感を作り出す。

どこにでも遍在するが、実感する主体としての感情体は、どこか特定の場所、時間にしか存在しない窮屈なものに押し込められて、違和感を感じるので、わたしという認識は抵抗感、違和感そのものとして受け取られたものだ。周辺の空気は自分ではない。しかし周辺の空気を小出しには吸い込んでいる。これが個人を成立させる抵抗のようなものだ。小出しに吸い込むことをやめて、全部取り込んでしまうと周辺の空気は全部わたしになってしまう。

☆宇宙旅行に適している人

わたしたちが思考や感情を自分のものと感じるのは、その思考や感情が、狭い場所に針を刺したような感じで身体に関わっているために、個人性に染まっているように錯覚するだけで、思考や感情の上部の部分は、まったく個人になることができない。とりわけ思考は個人に属することはない。

感情体は、低いものから高いものまで、やはり7つの階層を持っていて、上の部分はどこまでも飛んでいくことができるのだが、しかし、日常的で狭い範囲での出来事に関心が引き寄せられている場合には、宇宙旅行をする余裕などない。そこで、身近な世界の体験にある程度飽きる必要がある。地上では興味を惹かれることが少なく、またすることがなく暇という人がいたら、それは宇宙旅行には適している。日常的なことに関心があるが、同時に宇宙にも関心があるという場合がほとんどだろう。また地上での経験をあらかたしてしまって、もうほかに期待するものがなくなった人ほど宇宙旅行はしやすい。結果的に年寄りのほうが好都合だ。

☆脱魂しやすかった日本人、脱魂が起きにくい西洋人

感情体は身体とはまったく別のユニットで、それは磁力だけで結合しているようなものなので、感情体は呼吸をする都度、大きくなったり小さくなったりする。古い日本人は、この感情体と身体があまりうまくくっついていなかった。というのもそもそも身体と感情体は異なるところに所属しているので、同族ということは少ないのだから、むしろうまくくっついていないほうが普通なのだ。

古い日本人は何かあると、結合部がずれて、すぐに脱魂した。わたしの場合も、三十代の終わりくらいまでは、しばしば感情体が身体から脱落したので、身体的に不調なことが多かった。壊れかけた人形のように、手足がよくはずれてしまうことがあった。身体は感情体のサポートを受けないと、うまく機能しない。もう書いたように、ミの上には自力で上がれない。なので、感情体が気を配らなくなると、即座に具合が悪くなる。

西洋人はとことん物質的なので、この脱魂は起きにくかった。物質的というのは、感情体が身体に深く執着しているということだ。西欧文明が地球文化のメインストリームになってからは、この脱魂は起きにくくなった。日本人は西欧化することで、身体と感情体は一体化するようになってきた。

☆感情体は、複数の身体に降りる

しかし宇宙旅行する場合には、身体とは別個に感情体だけが宇宙に飛び出すということをするので、ここでは関心ごとが分散するということが生じる。目前のことにはなんの貢献もしないような種類のことに関心を持つのだ

もちろん身体を切り離すと、すぐに身体は分解してしまうので、身体と関わりつつ、感情体の上位の6番目の階層が、外宇宙に飛び出す。この感情体の7つの階層のうち、5番目、6番

目は「高次な感情」と言われていて、これを鍛えなければならないが、地上においての日常的な体験、対人的なものとは違い、宗教、芸術、至高の体験などによって、崇高な感情の部分を育成する必要がある。

もっと正確に説明すると、感情体は、7つの階層があり、上位の5番目、6番目の部分が発達すると、そもそもそれは身体に縛られておらず、また非個の領域で、どこかに飛ばなくても、そのレベルのものそのものが、宇宙のどこかに共鳴・接触している。とくに最上部に近い6番目は、太陽系の外にまで頭を伸ばして、7番目の力を「取り戻す」。

神社では、神のことを柱と呼び、またまっすぐに伸びる杉の木を大切にするが、感情体は十分に発達すると、太陽系の外の星雲界にまで、まっすぐに柱を伸ばす。旅する必要はなく、はじめからそこにいる。感情体の5番目、6番目、7番目が発達すると、神社の神様と同じ存在になってしまうということだ。そしてその神様の記憶、体験を共有する。それは自分であり自分でない。

ところで、ドロレス・キャノンが死んだ後、その弟子たちが催眠技術を活用した時に、しばしば死後のドロレス・キャノンが同席するようだが、わたしがクラニオセイクラルのセラピーを受けた時に、施術者のとなりに男性が立っているのを見た。おそらくそれはサザーランドだ。これらは感情体が、複数の身体に降りるということの例でもある。キリスト者が100人いれば、そこに100人のイエスが現れる。これはヘミシンクをする人が、しばしばロバート・モンローに会ったり、お遍路さんが、空海と一緒に歩いていたりするのと同じだ。

☆ツアーの基本コース

ツアーの基本コースは、みなみじゅうじ、カノープス、ケンタウルス、シリウス、プレアデス、オリオン、北斗七星、北極星、アルクトゥルスなど。またマトリクスとしてのアンタレス、アルクトゥルスとアルシオンの道、ベガからシリウス、シリウスからケンタウルスのアジェナなど、いろいろなパイプもある。それぞれの恒星は、大きな生命の樹としての配置で説明すると理解しやすい。いわば路線図のようなものだ。

日本の旧豪族などは、みな恒星とつながっていることを自覚していた。藤原氏は、それらを全面的に撲滅した。これは西欧でキリスト教の教父たちが行っていたことと同じ行為で、つまりは星信仰を撲滅し、太陽神信仰に統一したということだ。地球閉じ込め計画の一環だ。

またいま地球の人々にひそかにコンタクトしている宇宙人たちや、「連合」などは、地球上でよく知られている星雲、恒星などとは違うところから来ている人々も多い。どこから来たか聞いても、地球では知られていない場所だと答えるケースが多いだろう。実際わたしが30代の頃に出会った存在も、「オリオン方向であるがオリオンではないし、地球でその星を見つけることは今後もないだろう」という話だった。

いろいろな宇宙体験をすると判明してくることだが、自分だけの体験というのが、ほとんど皆無に等しい。これは感情体や思考体には個人というものがなく、個人とは身体だけのものなのだということ。宇宙旅行は感情体にしかできない技で、それはそもそも個人に所属していないということからきている。つまり、それは自分が体験したことは、ほかの人にも非常に役立つということだ。ほかの人はあたかも自分が体験したかのように受け取る。

現代人は、このことがよく理解できていない。それは身体中心で生きており、皮膚の牢獄に閉じ込められて考えているからだ。たとえば、昔、ある人が夢を見て、夢で指定された場所に神社を作った。ほかの人は、みなそれに従って、そこは有名な神社になった。という顛末を聞いて、現代人なら、何を馬鹿なと言うだろう。古い時代の人、身体に閉じ込められていない人は、この夢を見た人の話を聞いて、即座に納得するのだ。それは自分も同じだ、と。だから何も言わず、全員で神社を建てたりする。

思考体や感情体は個人がないのなら、全員同じなのかというと、星系の違いはあるということなのだ。

フェイスブックなどで、変性意識編成会とか、精神宇宙探索集会とかしていたが、そこで体験した内容を読むと、同類だと感じるものが大変多い。しかしマナーとしては、このように同類を見つけ出した時には、それを言わないということが大切だ。そもそも同類の人はお仲間になりたがらない。たくさんの触手がある動物を考えよう。触手がひとかたまりに絡まってしまうことは避けたいと感じるはずだ。

☆時間と空間を克服する

ここでは名前もつけられていない恒星、惑星などではなく、地球上で知られていて、神話もある代表的な恒星を、探索ツアーのコースにしたが、恒星体験は似たものを喚起するということで、この決まりきったコースを体験すると、自分のルーツ的な場所を探し出すことの助けになる。つまり自分が知られていない場所から来たという場合でも、それを思い出す手がかりになるということなのだ。

それぞれの人は、自分のルーツを探すべきだ。でもそこに戻ることはしない。未来は新しい場に向かう。ただ自分の所属するクラスタはたいていの場合、地上において似たような体験をしている。

似たような魂が、違う場所で体験をする。思考体、感情体には個人というものがない。が、身体はあちこち違う空間や時間にあるので、これが異なる体験をしていく。クラスタというのは複数の存在の集合だが、実際には、ひとつの感情体とか、ひとつの思考体が、下に向かって分岐している、その分岐は身体が作り出していると考えるといい。よその宇宙に移動する時には、クラスタごと移動する。これはまるでルーレットから玉が転がるように、次の場所にすとんと落ちるのだ。

この移動はひとりで動くことはない。よそ宇宙に移動するという言い方は間違いだ。これは身体中心の視点からすると可能な見方であり、身体を手放してしまえば、感情体も、思考体も、どこかに偏在するというようなものになってしまい、そしていかなるものにも同調するので、空間的・時間的に移動するというものではない。身体を手放してしまった段階で、空間と時間はなくなってしまうのだ。

時間と空間がなくなっても、そこで自分を意識できるという状態に至ることが必要だ。わたしたちは死ぬまでに、時間と空間に依存しないことを練習するほうがいい。つまり時間と空間の克服だ。それは存在の局在性から自由になることだ。意識は射出することで成り立つという観点からすると、時間と空間がなくなっても、そこで自発的に射出が行われるという仕組みを確立する。わたしたちはまだ身体を伴ってはじめて意識が成立するという原始的発達段階にある。だからこそカテゴリー1の惑星住人ということだ。

一方で身体を持つことで孤立し、阻害され、何とも繋がらなくように感じるのは、地球でしか体験できないことで、これは思い切りオリジナルな体験で、のちのちネタになるので、しっかり味わっておいたほうがいいのかもしれない。地球に生まれたのか、それは凄いと言われるような体験だ。

異様に過酷なゲームに参加した物好きと思われる。たとえばスーパーマラソンのスパルタスロンは250キロくらいのマラソンだが、日本人参加者は多い。わざわざなんでそんな苦しいことにチャレンジするのか？　気が知れない。そんな感じで、地球に生まれたことのある人に対して奇異の目で見られることは多いだろう。たいていの場合、やはり犯罪者だからかと疑われるかもしれない。

宇宙旅行へは、シータ波の脳波で

☆シータ波の脳波になる方法

宇宙旅行は、リラックスして、脳波がシータ波になった時に行う。これは感情体が身体に張りついているところから、少し緩んで、感情体の上位の部分が、外に広がるという状態だ。身体に専念している状態から、感情体がもともとの姿に戻るということでもある。シータ波の脳波になると、例外なく、人は自然に体の輪郭の範囲から離れて、より大きく広がることになる。

感情体は夜眠った時に身体から少し離れている。グルジェフ式に言えば、各センターが連動しなくなっている。ばらばらになって、それぞれが休息している。だから、身体と結びついたところでのみ働く個人意識は働かない。

感情体が少しずつ身体の範囲から拡大する時とは、だんだん眠り始める時に似ている。この時のことを思い出してほしい。この時、シータ波になり、だんだんと個人意識という意味での存在は危うくなりつつある。感情体が広がるとシータ波になり、シータ波になると感情体が広がる。このどちらを先にしてもいい。これらは連動している。

シータ波の脳波になるのは簡単だ。わたしたちは休みなく体験している。退屈しすぎて、眠りそうになる。疲れ果てて、もう動けなくなり、眠りそうになる。奥さんに付き合わされて、日曜日に、行きつけない百貨店の地下の売り場に行く。そこに興味がない。壁のそばで奥さんをずっと待っている間に、だんだんと昏睡状態になり始めるという状況でもシータ波状態に簡単になってしまう。

しかし、寝る直前で留まる必要がある。

単調な芸能を鑑賞するというのもある。単調な芸能とは、退屈な芸能という意味でもあるが、今日的な芸能は飽きさせないように刺激をたくさん作り出す。すると、わたしたちの脳波はずっと緊張したベータ波をキープすることになる。時々ガンマ波まで。これは意識を個人の輪郭に留まらせることになるので、今日的な芸能でシータ波になるのは難しい。

古い芸能は退屈で、脳波を低くするには、なかなか適している。古い芸能を鑑賞して、どうしてこんなに退屈でだらだらしたものを見なくてはいけないのだと怒る人もいるかもしれないが、それはわざわざ脳波が低くなるように設計されているのだ。つまり古い芸能は、非個的な世界を垣間見させようとして、精神の変化まで促すように作られているのだ。

神話的なものも非個の意識を刺激するので、現代的な芸術でも神話的意識を刺激するようなものがあると、これも役立つだろう。

☆**バイノーラルビートを活用する**

忙しい生活をしている中で、一気にシータ波の脳波になりたいのならば、バイノーラルビートを使うことだ。わたしは仕事が忙しすぎて、神経が疲労している時、それを治すためにバイノーラルビートを聴いていた。

バイノーラルビートとは、右耳と左耳に周波数の違う信号を聞かせると、頭の真ん中で、この右と左の差信号の音が響くというものだ。たとえば、105ヘルツと100ヘルツだと、差は5ヘルツになり、これはシータ波の脳波になることをあらわす。

アイフォンのアプリ（たとえばmindwave2)、アンドロイドなどのアプリなどでたくさん出ているので、比較的手頃な価格か、あるいは無料で信号を聴くことができる。できあいのもののが嫌ならば、フリーソフトのaudacityで、左右の信号を作り、自作することもできる。

退屈する、眠くなるという方法以外でも、自力でシータ波を作り出すことができる人はたくさんいる。これはその人の独特のやり方があり、その人の個性と結びついている。シータ波の脳波になることは、感情体が、身体に同調することを一時的にやめてしまうことでうまくいくものであり、工夫してシータ波になるのでなく、工夫しないようにする、ということが肝心だ。

☆眠りにつく寸前まで、自分を意識する

わたしたちは夜眠っている時に意識がない。いや、意識がないのではなく、ちゃんとあるのだが、身体と結びついたところで成立する「個人の意識」が働いていないだけだ。そこで、個人意識ではなく、非個の意識としては普通に働いている。しかし非個の意識を、これはわたしではないと感じている人は、眠っている時に、自分は不在になる。つまり身体を伴ったところで育成された意識だけを自分と思っている人は、身体から離れた瞬間から昏睡状態に陥るのだ。そしてこういう人は、死後も存在し続けるということができない。

夜眠る前、目覚めている段階から眠りに入る段階の間に、個人意識から非個の意識に移り変わる時に、すれすれがんばって、この非個の意識の中でも、自分はいると感じて見ることを繰り返すといい。眠りの中で、わたしたちはきわめて深いところ、つまり非個の中でもとりわけ

拡大している領域に行く。海のもっとも深いところまで。したがって眠っている間、ずっと自分を意識することはできない。でも、できるかぎり、ぎりぎりまで、自分を意識できるように頑張ってみよう。そして何度失敗してもかまわない。毎日取り組める時間はあるのだから。一年間に365回チャレンジできる。

☆異次元的な世界を知覚する、拡大意識体験

これは陸地から海に歩いて行くイメージだ。自分は昨日までは、砂浜から10メートルまでは持ちこたえた。今度は20メートルまで進んだ。すると、自分がなくなった。あらためてチャレンジして20メートルまで行くと、きれぎれに自分を意識することができた。このようにして、境界線をもっと深部にまで進めていくのだ。

非個の意識にシフトする過程で、さまざまな映像を見たり、何か話していたり、異次元的な世界を知覚する。身体が制限していたものから解除されることで、意識は果てしなく拡大していくのだ。つまり身体が知覚を封鎖している「栓」のようなものであり、この栓を取り外すと、周囲の情報がどんどん入り込み、さらに異なる次元の情報も入り込んでくる。この拡大意識体験を続けると、驚くような体験をする人がどんどん増えてくる。

これをしていると、眠りにくい日とか、あるいは目覚めてもしばらくは寝床でじっとしてい

ることなどを待ち望むようになる。目をつぶっている時に、まぶたの裏に、何か模様が出たりするのは、エーテル体知覚に移る状態であるが、ここまでこぎつけると、エーテル体を膜にして、さまざまなものが映り込むので、そこでいろいろなことを試すことができる。とても暇で、猫のような暮らしをしている人は、こうした訓練は進みやすい。

夢の中で、自我が働いている場合、覚醒夢と言う。覚醒夢でないものは、そこで自我が働いていない。しかしながら、自我が働いているにも関わらず、途中で忘れてしまう場合もある。夢の中でこれはちゃんと覚えておかなくては、と思っていたのに、忘れてしまったなど多数あるだろう。日常の生活、つまり身体を伴った形式で意識を集中しなくてはならない生活が続くと、こうした拡大意識において自我を維持することが難しくなることは多い。

☆シータ波が、金縛りになりやすい理由

瞑想の習慣があったり、あるいは自己催眠的な技術を使ったりする人も多い。シータ波になると、たいてい身体は動かしにくくなり、いわゆる金縛りになりやすい。わたしたちの意識が身体の輪郭にぴったりと噛み合っていて、身体的な感覚しか受け取らない時には脳波はベータ波になり、身体から拡大して、地球集合意識に同調した時、アルファ波になり、地球からさらに外に拡大した時に、シータ波になる。

これらは身体感覚から離れて、身体のセンサーの情報を受け取らなくなるか、あるいはそれよりも拡大した信号のほうを優先するような状態になるので、身体がどこにあるのかわからなくなることも多いし、身体を駆動するほうに手がまわらなくなる。

たとえば、道を歩いていて、前方から人がぶつかってくるような時、警戒して身体感覚とともにあるベータ波にならなくてはいけないので、シータ波にはなりにくい。とはいえ、人によっては両方同時に体験することもできる。車を運転しながら、シータ波体験をする人も稀に存在する。わたしはジムで、ランニングマシンに乗りながらその練習をしていた時期がある。

ちなみに、アルコールで酔っぱらっている時、シータ波、アルファ波ともに多く、同時に、ベータ波以上の気に障る脳波も出てくるらしい。ストレスでアルコール依存症になる人は、このストレスは個人として生きている時に感じることなので、この個人ということから離れようとして、アルコールを飲み、シータ波、アルファ波にシフトしようとするが、しかしストレス原因は健在で、これがかき乱す信号としてあらわれるのかもしれない。

長くバイノーラルビートを聞く体験を続けると、身体が覚え込んで、雰囲気を思い出すだけで同じ脳波になる。感覚が外界に開いている場合には、近いところは見えるが遠くは見えず、そして感覚が外界に対して閉じて、何も感じなくなると、より遠いところに開かれるということになる。近所を閉じると、遠くが開くというのは、あまり活動的でもなく、閉鎖的な生活をしている人が、宇宙的に開かれているというケースも多々あるということなのだ。

予定よりも早く起きてしまって、しばらく寝床にじっとしている時など、わたしはビロードのようなざらざらした灰色の壁を見たりすることが多いが、そこに彫刻のように何か刻まれていたり、異物が置かれていたり、何かしらこの壁は伝言板として使われているのではないかと思うことがある。そしてこの壁の一部が飛び出してきて、生き物の顔になり、わたしの顔にかなり近いところで、何か言い始めるとか。灰色の壁から飛び出す顔なので、それはまるで彫刻のように鋭角的な部分が残っていたりする。

☆感情体は、身体とは別ものということをはっきり意識する

バイノーラルビートを使う、使わないというのは好みの問題で、身体感覚から離れていくことができたら、感情体は旅をすることができる。これももう少し正確な言い方をすると、感情体は樹のように星雲界にまで達しているケースも多いのだから、印象として、身体から伝わる地球情報の比率を少しばかりボリュームを落として、その分、宇宙情報の印象のほうのボリュームを上げれば、それはそのまま宇宙旅行をしているのと同じだ。

最初から感情体は、身体とは別のものであるということをはっきりと意識するべきだ。感情

体はその欲望によって、身体に張り付いているだけで、同じものではない。

これには個人差というものが著しく、ぼんやりしているだけで、異界を見ている人もいるし、いくら頑張っても、何も感じない。何年もかけて練習してやっとうまくいくという人もいる。ただ昔ながらの本来の日本人ならば、ぼうっとしているだけで異次元を感じるというのが、普通の人ということになる。私の場合、電車を待っている間、ホームの前に閉じられているシャッターを数分見ている間、そこに異次元を見ることもできる。

身体記憶を利用して、既知のイメージに翻訳

☆内臓記憶と体壁記憶

ぼんやりするだけで、異次元に接続されるのが当たり前だと言われても、自分はどうしてもできないという人は多いだろう。ぼんやりすると、異次元に繋がるのでなく、そのまま寝てしまいます、という人が大多数なのかもしれない。それはそんなに悪くない。この「そのまま寝てしまう」という状況をもっと詳しく説明してみたい。

わたしたちは映像を認識したり記憶したりする時、内臓記憶と体壁記憶を照合して、そこに象徴記憶と概念記憶を重ね合わせて認識する。内臓記憶、体壁記憶、象徴記憶、概念記憶など

が全部同期をとって重なった時に、はっきりと何かを認識し理解し、確実にそこに「わたしがいる」のだ。印象活動と、わたしという存在は重なった、同じものとみなしてもいい。この四つのすべてを動員していない場合もあるが、関与する項目が少ないほど、意識は朦朧とする。

内臓記憶とは、一例としては、内臓の出先機関である舌で、幼児が何かをなめ回している時に記憶する内容だ。丸いものに触れると、この丸い輪郭をなめ回す。丸いものとはこんなものなんだとか、素材の質感などを味わって記憶する。

体壁記憶とは、指で触ったり、目で見たりすることで認識する。丸いものを見た時に、それだけではその知覚ははっきりしない。内臓記憶としてのなめ回し記憶でなめ回した丸いものと、見た目丸いものが合致した時、実感的に丸いものを記憶できる。年老いてくると、この実感を忘れてしまうが、何か見た時に、同時に、自分の体内で、これだというリアルな感じがわきあがる。その時に、しっかりと印象を受け止めたと確信する。

体内でのこれだという実感が少ないと、印象は皮相的で、見れば見るほど、それは自分を損なうもののようにさえ見えてくる。離人症のようになった時、何かものを見ているが、それについて何も感じないし、自分とは別の世界のものに見える。体壁記憶と、内臓記憶が乖離してしまったのだ。

卵を食べた時、まずは目で卵を見る。次に卵を食べる。卵は体内工場で、振動密度が上昇する。つまり卵は身体の中で進化する。この進化というのは燃焼するようなものだが、この燃焼の抵抗感というものが、内臓に伝わる。そしてこの内臓的実感と、目で見た卵の映像が合致して、卵を食べたんだという実感が伝わる。

☆象徴記憶は感情体に、概念記憶は思考体に関係する

内臓知覚は植物系とも言われていて、その中心は心臓にある。体壁記憶は動物系と言われていて、中心は脳にある。心臓と脳が合致する時とは、舌でなめ回した結果、丸いものを認識したことと、目で見た毬の形がフィットした時だ。そしてこの球体というものの象徴的な意味を感じてもいる。それはたいてい言葉にならない。しかし何か古い懐かしい記憶を呼び覚ますような印象を感じることも多い。またどんな違う物体でも、球体であれば、球体として共通していると認識することが概念記憶だ。この概念記憶がないと、翻訳も推理もできない。

内臓記憶も体壁記憶も、実体験として具体的に蓄積する記憶だが、象徴記憶とか概念記憶は、精神が発達してくるに及んで身につく記憶だ。内臓記憶と体壁記憶は身体に関わり、象徴記憶は感情体に関わり、概念記憶は思考体に関係すると思われる。つまり統合失調が発生すると、身体記憶と感情体記憶と思考体の記憶が同調を取らなくなり、これらがばらばらに働くようになってしまい、互いの協力関係がうまくいかなくなる。

☆宇宙で見たものが「腑に落ちない」理由

感情体が身体から離れて宇宙に飛び出し、まだ見たことも聞いたこともないような事象を認識した時、内臓・体壁記憶に照合しても似たものはない。内臓・体壁記憶は、地球上でしか手に入れたことはないのだ。

この照合ができない場合には、記憶は定かではなくなる。つまり明確な知覚というのが、内臓、体壁、象徴、概念記憶の連合であるのだから、この4つのうち足りないものがあると、印象を明確に把握できないし、そもそもそれを見ている自分も目覚めていないので、昏睡状態になることが多いのだ。つまり個人意識から離れた非個の意識は昏睡状態になりやすいと書いたが、身体から飛び出した感情体は、体壁・内臓記憶がなくなり、象徴、概念記憶だけで判断しなくてはならなくなるということだ。

意識は射出することで、そして射出したものが何かに突き当たり、そこに抵抗を感じるということで成り立つ。内臓、体壁の抵抗体がないのならば、その分、意識はぼうっとしたままであるということだ。また4つ揃っていない記憶というのは、解体が早いので、急速に忘れてしまうことも多い。いろいろな角度から突き合わせても、確かにこれだというような確信が持てなくなってしまうのだ。

よく「腑に落ちる」という言葉を使うが、これはあきらかに植物的、内臓記憶に突き当たることをあらわしている。体壁記憶で、何か見ても誰も納得しないし、腑に落ちないのだ。宇宙に飛んで、見たものに、腑に落ちましたというケースは少ない。

☆宇宙で、今までに経験したことがないものに接触すると…

宇宙に飛び出し、身体ではまったく経験していないものに接触すると、知覚としてごっそり欠落してしまい、朦朧とした中で、きれぎれの印象を拾うというはめになる。我思う、ゆえに我ありというのは、印象活動をしている瞬間だけ、自分は存在しうるという言葉でもあり、知覚できない間は、わたしたちは不在だ。

そのような時、たいていの場合、内臓・体壁記憶の中で、何か似たものを探し、かなりの比率で、似たものというより、そのものとして当てはめて、印象活動を維持する。

ある時、半蔵門線の電車に乗っていた。青山一丁目を通り過ぎるころ、わたしは電車のドアを見ていたのだが、ドアのガラスに、わたしの背後に誰かが立っている光景が見えた。それはコートを着ている長身の女性で、顔形は、指揮者の西本智美に似ていると思った。でも、振り返ると誰もおらず、つまりそれは死者が立っているということでもあったのかもしれない。

この場合、この死者の気配を、感情体は象徴的な印象としてキャッチする。そしてその雰囲気に似た記憶として、体壁記憶が覚えている西本智美をそこに貼り付けるのだ。気配を感じると、この気配を彷彿とさせる映像イメージを思い出すのだ。それは似ているが、同じではない。西本智美は生きていて、活発に活動している。

つまり知覚は、概念記憶、象徴記憶、体壁・内臓記憶が連合して働くのだから、こんどは反対に、概念知覚や象徴知覚は、それと頻繁に結びついた体壁、内臓記憶を連想として引っ張り出してきてしまう現象が生じるのだ。この4つの知覚の結びつけは、個人によってかなり違うということだ。海で育った人は、海に関係した記憶が豊かだろうし、都会で生まれ育った人は、都会の中にある映像や印象をたくさん蓄積し、アクセスするだろう。

何かを感じると、それに似た波動を持つ、内臓・体壁記憶をアクセスして、重ね合わせるということは、とりわけ、未知のものに対して行われやすい。たとえば霊が見えるとか、オーラが見えるという人はたくさんいるが、これらは不可視のもので、気配として感じることだけが可能だ。そしてこの気配にマッチした内臓・体壁記憶を引き出してくるのだ。

そもそも実際に見てないものは、見てないのだから、それらをこういう姿をしています、という言い方はできない。しかし物質のように明確な輪郭を持つわけではない、色、流動的な形、光などを認識する場合には、内臓・体壁記憶を照合しているわけではない。たとえば記号などは概念記憶だ。概念記憶は図形とか数字とかの認識が根底にあるもので、何かが3つ立っていると、この3つということの概念的な意味を、概念記憶は認識する。

☆太陽系の内臓・体壁記憶は、海王星、木星に蓄積されている

モンロー研究所のヘミシンクについて書かれたある人の本を読んでみると、宇宙人や宇宙意識は、みなこの世界とたいして違いがないし、世俗的で、おもしろくないという記述があった。これは内臓・体壁記憶に当てはめられた映像を見て、真の意味で異質な世界、つまり宇宙には接触していないということをあらわしている。というより、接触はしているのだが、それに対して、内臓・体壁記憶の当てはめをしすぎており、そしてこの内臓・体壁記憶のほうを真とみなすという取り違えをしてしまったのだ。内臓・体壁記憶は、記憶するための素材が重すぎるので、この負荷の大きさから、ほとんど超越性というものを持たない。

ある宇宙知性は、太陽系の外に住んでいて、そこでは常に無形で、身体を持たない。しかしある時期から頻繁に太陽系の中に入ってくるようになった。この時、太陽系に入った瞬間に、彼らはUFO事件などでよく見る円盤を作り出すらしい。それは無形の彼らのボディを保護するために、ひとつの磁場を作り出す目的で生み出される。つまり、この円盤は、太陽系の中にある素材をかき集めて瞬間的に作られるということだ。

これは、太陽系をひとりの人間とみなして見れば、円盤は、太陽系の内臓・体壁記憶でもあるということだ。太陽系の内臓・体壁記憶は、基本的には海王星、そして地球に近いエリアでは木星に蓄積されている。

真の宇宙に飛び出すと、わたしたちはごっそり損なわれる。内臓・体壁記憶は身体に備わり、それを連れていくことはできない。わたしたちは地球で育ち、地球の光景ばかり見て知覚意識を育成してきた。それらは宇宙旅行の際には持っていけない。

☆身体は母親を母として認識するが、感情体は橋として認識する

感情体は、そもそも身体には属しておらず、なおかつ人間存在は、身体が中心でなく、感情体こそが中心であるという、感情体の復権がなされると、感情体特有の、著しく象徴的だったり抽象的だったり、たとえようのない「言葉で言い表せない」ものを、直接知覚する。そしてそれに解釈を求めない。

たとえば、幼児の時、母親を認識するのは、母親の形とかではなく、その前に、まずは気配、熱感、光の固まり、何ともいいようのない懐かしい雰囲気などによってだ。これは感情体の記憶だ。まだわたしたちはその段階では、言葉を知らないし、内臓記憶も体壁記憶も十分に育成していない。つまり着地していない。

母親は子供の身体を用意した。そして、外からやってきた感情体を呼び、自分が用意した地球的身体をつないだ。つまり母親は架け橋なのだが、幼児は、この感情体を招き、身体に結びつけ、地球とわたりをつけた存在、通路としての働きそのものの象徴的な姿を直接見る。しばしば球体のような単独の存在でなく、橋、つなぐものという形態として見ることも多い。蛇、龍のようなものでもある。カールビンソンなどを空母と呼ぶが、飛んでいるジェット機が感情体で、それを身体に着地させる空母も、母的イメージになりやすいのではないか。身体は母親を母として認識するが、感情体は橋として認識する。

☆なぜ、感情体が中心であり、身体が中心ではないのか

感情体が中心であり、身体が中心ではないときっぱり決めておかなくてはならないのは、ヴィジョンを見た時、地球のような光景でないといけないと信じて、この感情体の知覚の曖昧性を記憶の中から削除する人がいるからだ。

夢を見ている時のような知覚を当てにならないものとして排除する人は、身体記憶こそすべてだと考えている人だ。何ともいいようのない表現。これをそのままストレートに受け取り、これは夢みたいで、曖昧で、情報にならないと決めつけない人、捻じ曲げない人は、多くの人が切り捨てているたくさんの情報を知覚できる人たちになる。

たとえばわたしが、半蔵門線の電車の中でガラス窓に反射した西本智美風の存在を見た時も、西本智美と思ったとたんに、それ以外の情報を知覚することをやめてしまう。西本智美以外は何も考えなくなってしまう。これは印象を素直に受け取っていないことから生じる。

ブルース・モーエンが、世界中のあちこちの国で、死者探索を教えていた時、参加していたドイツの心理学者は、ヴィジョンは見てないし、何も知覚しないと発言したらしい。ところが、詳しく聞いてみると、いつも見ている地上の光景、建物やら人やら植物やらの形が見えなかったのだという。そしてくっきりと表現しようのない色、形、気配などはたくさん見ていたのだが、それらは無駄なものとして切り捨てていた。

しかしそもそも、地上のように見える世界とは、この地上だけであり、宇宙も霊界も、この地上のような映像などひとつもないのだ。

何度も宇宙旅行している人は、この宇宙旅行の時の特有の印象というもののパターンを覚え込む。つまりそこでの体壁・内臓記憶めいたものだ。

覚え込むにつれて、昏睡する時間は減少し、だんだんと知覚意識がくっきりと目覚めてくる。そのためには、これまでの身体に所属する内臓・体壁記憶にあてはめないで、象徴や概念を象徴や概念のまま認識する能力を発達させる必要がある。しかしパターンを覚え込んで、くっきりと知覚できるのも、ひとつの星系だけで、オリオンをくっきりと意識できた人も、アンドロメダになると、またしどろもどろになる。とりわけアンドロメダ星雲は難しい。

☆宇宙体験は、地球体験に翻訳できるものではない

わたしはわりに多めに宇宙探索講座をしてきたが、体験したことに解釈を求められることがある。が、これは宇宙体験を、身体記憶のスタイルとして、地球体験として翻訳することを求められたのであり、宇宙体験そのものは、この地球的なものとは似ても似つかない、どうにも表現しようのない説明しようのないものになるのだから、実のところ解釈はしてはならないということだ。

そしてもう書いたように、知覚は、概念知覚、象徴知覚、体壁・内臓記憶が一致しないと、分解・解体しやすいので、明確に腑に落ちない場合は、それは消化不能なものとして、どこかに漂流したままになる。実感のない印象は、そのまま長くもてあそぶと、ひどく消耗する。印象活動そのものが、わたしたちの実体なのだから、曖昧な印象をもてあそぶと、わたしたちがビット落ちを起こすのだ。

どんなことを体験しても、脳はすぐさま既知の記憶に置き換える。すると、ある星には人が住んでいて、その人と会話できるし、相手はため口だったりするし、建物があり、また宇宙船

があったりする。そしてスパゲティのようなものを食べていたりする。あるいは、宇宙的というイメージを、年寄りは精密なコンピューターのように見たりするので、すると、正確無比だが感情のない生きものを見たりする。おそらく地上の生活に絶望し、飽きて、そこで宇宙に旅立とうとする人は、このような光景を見ると、うんざりしてしまうだろう。

わたしが早めに起きて、暗いビロードの壁に映るものを見ている時、そこでは表現しようのないものが多いが、そこで昏睡しないのは、感情体の知覚が、身体の知覚よりも優位にある時だ。身体に落とし込まなくても、そのままストレートに体験できる。

ただ、これは想像上の体験で満足して、実際の体験には期待しない人にもなりやすい。海外旅行のことを夢見たら、もう実際には海外旅行に行かなくていいと考えるのだ。実際に行っているのだから。すると、多くの人は、目や耳を持つ身体を伴って行ってみないことには現実はわからないよ、と言うかもしれないが、感情体が身体から離れることの可能な人は、妄想を見るのでなく、想像的リアリティを体験するので、思い込みに耽るケースは著しく減少する。

夢の中でいつも誰かに会っていた。この誰かが、現実に肉体を持ってやってくるということをきっと多くの人は希望するはずだ。それは概念、象徴知覚を、体壁・内臓記憶に結びつけたいということだが、これは地に縛られた人が、他の存在も引きずり込みたいと願うことに等しいので、とても迷惑な人だと思わざるを得ない。

☆連想に引き込まれない〝二念を継がず〟

宇宙探索講座をすると、ほぼ全員が、印象を既知のイメージに置き換えてしまうだろう。これは間髪入れず自動的に行われることだが、わたしが何冊もの本に書いているように、グルジエフの言う自己想起とか、あるいは禅の二念を継がず、という修行をすると、それをあまりしなくなる。

二念を継がず、というのは、連想に引き込まれないことだ。酸っぱい匂いを嗅ぐと、既知の記憶として、味わったことのあるビネガーを思い出す。そこで、酸っぱい匂いを嗅ぐと、それは酢の匂いだと言う。これが二念を継ぐという意味だ。酸っぱい匂いは酸っぱい匂いで独立していて、それが酢かどうかわからないが、わたしたちは自動処理として、酢の記憶をアクセスしてしまう。門松はお正月を想起させる。クリスマスツリーはクリスマスを想起させる。

またシリウスに行ったら、シリウス人のお友達がいて、冗談を言ってきたという体験をするのは、異質なものに対して、心を防衛するための行動でもある。異質な体験は異質なままにしておくと、わたしたちの心は壊れてしまう。そこで、既知のものに置き換えて、安心を得るということになる。これは遮蔽記憶と言うらしい。

これは出かけていった先の宇宙に対して、自分を防衛していることなのだから、もちろん接触の比率を少なくしようという行動だ。スイスのコンタクティ、エドアルト・メイヤーがコンタクトしていたタイゲテの惑星エラのセムジャーゼは、地球人は心が弱すぎて、宇宙に直面する能力がないと述べていたが、これは、自分の周囲に球体があり、そこにステンドグラスのような模様があり、球体の向こうのものを見ても、すべてステンドグラスの模様に変換されてしまうというような防衛心だ。

エゴを防衛しているといえばそうに違いない。わたしたちは宇宙に対して防衛しているという前に、まず地球上のあるいは社会に対しても、防衛していて、直視はしていないことが多いのだから、宇宙的体験はもっともっと困難な話だ。

☆宇宙探索しやすい人、しにくい人

今日の精神世界の扱い方は本来の活用のしかたとは逆転していると言われている。本来、道に入るというのは、この世でできるあらゆる体験をして、この世に絶望して、この世に何も期待するものがないとわかった時点で、道に入る準備が整う。しかし今日では、精神世界とは、この世の生活で不満とか不足がある時に、それを補うために使われる。たとえば願望実現の方法を教わるなどだ。

同じく、宇宙探索を何かの代替物として利用しようとしているケースが多いということになる。身体が、感情体よりも価値があるとする時にこれが生じる。精神世界は実生活の補佐としての役割を持つという発想になる。あるＵＦＯコンタクティの体験に対して、性的欲求不満が原因で、そのような幻覚を見ていると断じた本があった。つまり著者が、自分だったらそうなると言っているに過ぎず、他の人の場合にはさまざまに違うケースがあることを認めなかったということだ。

この世の体験に対して、夢を抱かないというのは大切だ。夢を抱くと、それは何にでも投影されてしまう。夢を抱かないためには、この世で体験できることはあらかたすべて満足させました、というのが一番良い。この世で可能なことはあらかた体験したという人は、宇宙探索がしやすい。

結びつきを諦める

☆体壁記憶と内臓記憶を象徴記憶の中に吸収させた〝アストラルボディ〟

思考体は無関心であるが、それでもあえて感情体に興味を抱き、感情体は身体に興味を持ち、地上の身体に結びつこうとするので、概念記憶、象徴記憶は、事物と結びつきたがっているが、これを「断念させる」という努力が必要だ。もちろんいつもずっと断念し続ける必要はない。

車が欲しいという欲求と、車を手に入れるということは同じものではない。車が欲しいという欲求を抱きつつ、車を手に入れないと、この欲しいという欲求は、中空に取り残されるが、それは欲求の所有という意味で、充実感がある。いつまでも元気でいられるのだ。欲望に満ち満ちているが、それでいてそれを実現させない。

車を手に入れてしまうのは、この欲求を車という墓場に葬ることなので、欲求をエネルギーとして大切に所持することと、車という残骸と引き換えにすることと、どちらが価値があるのか。感情体と身体を別個のものとみなすというのは、車は欲しいが、だからといって車を買うとは限らないという態度だ。

これは事物から表象を切り離す行為だが、多くの場合、表象と事物は不可分に結びつき、それが違うことを考えない。音楽は表象が、音というこれもまた物質的でない波動に乗っているので、他のものほどには癒着していない表現でもある。

事物から表象を切り離し、表象そのものを知覚するのはオーラを見るとか、自分の周辺に漂う気配を見るということだ。ある人が facebook で、ある建物から霊柩車が出てきた時、霊柩車のルーフに、白いものが張り付いていたということを書いていたが、死者は身体からエーテル体が剥離する。このエーテル体という非物質的表象を直接見たということだ。事物に変換しないで、表象を見ることができる人は、事物に期待しすぎない生活をするようになる。

大英博物館に保管されている夜の女王は、一説ではリリスを表現しているとも言われている。リリスは、樹の途中にいて、鳥の足を持っている。つまりこれは事物に落とし込まない表象、身体に結びつけない感情体であると考えてもいい。かつて、シュメールの時代までは、そうした生き方があり、それは正当な存在だったのだ。

キリスト教になってから、リリスを否定的にみなすようになったのは、人は身体的存在でなくてはならない、あるいは、霊的なものは存在しない、あるいは物欲の中に住まなくてはならないという考え方になったためだと思われる。リリスは背徳的な欲望を刺激するとみなされているが、そもそも背徳的なものは、隠れているが現象化したものを表現していて、リリスはそもそも鳥の足を持ち、樹の途中には止まるが、大地に降りないということを意味しているので、それは想像はするが、決して実行はしないということでもあるので、あまり背徳的でない。むしろとても軽い。

感情体を身体に接触させずに、それでいて感情体の知覚をはっきりさせるというのは、すでに生まれてしまった人間には、最初からできるわけではなく、身体の物質を進化させて、身体が持つ感覚を、軽いものにしていき、感情体が、それを持ち運ぶことができるようになってはじめてうまくいくようになる。

概念記憶、象徴記憶、体壁記憶、内臓記憶の四つが揃わないと、意識ははっきりしないと説明したが、ぼんやりしても眠り込まない人というのは、体壁記憶と内臓記憶を、象徴記憶の中に吸収させた人だ。それは時間がかかるができない話ではない。これをアストラルボティと言う。こういう人たちは死んだ後も、何もなかったかのように普通に暮らす。

感情体を身体感覚から分離する

☆感情体と身体は、呼吸でのみ結合している

古い時代の日本人は、頻繁に感情体が身体から分離した。あるいはその結びつきが緩くなった。感情体の7つの階層の一番下は、空気だ。つまり感情体は身体と、呼吸でのみ結合しており、たとえば吸う息と吐く息のリズムを乱れさせるだけでも、結びつきが緩む。この呼吸のリズムを乱すというのは、過呼吸などを利用したグロフ・ブリージングなどが代表だ。この結果、多くの人が身体から離れた経験をする。人は呼吸をやめてしまうと死んでしまう。つまり感情体は身体から離れてしまう。

感情体は一番重たい部分が空気なので、感情体は空気があるところ、どこにでも行くことができる。そして身体の視覚から見ると、どこにでも複製を作り出すように見える。これはひとつの錯覚と言おうか、身体はいま・ここにひとつしかない。このいま・ここにひとつしかない

視点から見ると、空気の中に複数作られているように見える。遍在するものを見ると、一点しか存在しない者は、等身大で判断する結果、たくさんの一点というふうに翻訳してしまうのだ。

わたしたちは教育によって、人間はそれぞれ別個の性質を持つ思考体、感情体、身体の結合であるという三分節でなく、自分はひとつの個体だと教えられているので、アメリカなどでは、この身体離脱体験は、精神疾患のひとつと解釈され、投薬治療されてしまう。

なので、この思想教育の影響によって、身体から感情体が飛び出すことが困難になっている。しかし感情体が人間の中層重心としての実体であり、身体はそこに集まった物質の寄せ集めというふうに考えると、この考え方そのものによって、バイノーラルビートなど使わなくても、そのまま飛んでしまう人はたくさんいる。

思考が感情を支配し、感情が身体を支配しているという点では、感受性とか直感とかは、まずは思考によってその働き方を決められているので、まずは思考・思想などによって理解すると、実体験は比較的気楽にできる。反対に、思考・思想などが柔軟性を持たないまま、実体験でチャレンジをしようとしても、およそ不可能なことが多いだろう。実際的な体験によって考え方を変えるというのは、実に難しい話である。

聴覚は、身体から外に連れ出す唯一の感覚。トマティス理論によれば、頭頂は9000ヘルツであり、それよりも高い音は頭の上を漂うということになる。聴覚というのは耳で聞くものだけではない。身体の皮膚で受け取る聴覚というものがあり、ハイレゾ音源の時代では、このほうが重要になってくる。これも皮膚の牢獄の土星でなく、その外にあり、そう遠くはないところにある天王星的知覚だ。

☆感情体は欲望のみで身体と結びついている

身体をじっと動かさず、リラックスしていると、やがては身体がどこにあるのかわからなくなる。休みなく、呼吸し、身体に圧をかけ、あちこちを刺激したりすることで、かろうじて感情体は身体に結びつくのだから、放置して、身体に構っていないと、やがては感情体と身体の結合は、ゆっくりと緩んでいく。

感情体が受け取る知覚として、曖昧で、抽象的で、漠然と感じるものを無理に物質的な輪郭を伴う記憶にあてはめないままにしておく。これらによって感情体特有の知覚、つまり変性意識に入る。この点では、アイソレーションタンクなどは理想的だ。アイソレーションタンクは、単に、身体感覚を刺激しないようにする、というだけが目的のシンプルな装置だ。見えない、聞こえない、体のどこにも圧がかからないというだけの話なのだから。

アイソレーションタンクに入っても、何も起こらない。感じないという人は、感情体の積極性を活用していない。感情体はその欲望によって、身体に結びついている。結びつく動機は欲望のみだ。

感情体とは欲体と翻訳してもいい。この欲が身体と同化した世界の情報以外のものに向かう時に、感情体は、それ自身による自立的な知覚を取り込み、それは身体を伴うところでの情報よりも、百倍も千倍も生彩があり、そして文字通り「なんでもあり」なので、やがては驚愕の体験になりやすい。欲は欲のまま受け取る。欲が何かターゲットに結びついたままそれをセットとして考えず、欲とターゲットは違うとはっきり認識することだ。

☆目覚めを活用し、感情体体験を強める

朝目覚めてしばらくすると、感情体は身体と深く結びつき、この地球世界という感覚領域に没入する。しかし目覚めた直後はまだ、あまり深く結びついていない。そこで、少し早めに寝て、起床時間よりも早めに目覚めれば、暗闇の中で横たわったまま、この感情体体験を強めることができる。もちろん身体感覚にまだあまりこだわっていない時間帯だ。

ある時期から、わたしは睡眠時間を増やすことにした。いまのところ8時間まで延長した。すると、予定の時間の前に目覚めてしまい、十分か十五分くらいは、半眠状態のまま、横たわっている時間ができる。

ユクテスワは、朝目覚めるとすぐにサマディに入ったというが、わたしの場合、目をつぶっ

たまま瞼の裏にエーテル体を見ることにする。これはイメージで見るというのと違い、はっきり肉眼で見るような鮮明な映像という違いがある。

今日はあるものを調査しようと思って、そのターゲットにバイロケーションした。これはカフナ式のバイロケーションというもので、自分の額から、光の筒を出す。その筒をターゲットに突き刺すのだ。すると、今度は反対に情報がターゲットからやってくる。ターゲットに矢印を向けると、その矢印の周辺の皮膜として、回転しながら、わたしのほうに向かってくるものがあるのだ。

しかし今日の場合には、ターゲットの反応が早すぎた。まるですぐそばで待ち構えていたかのように、わたしの額に、情報でなく、ターゲットが「ごっつんこ」してきた。わたしが知りたかったことをすぐに答えてきたのだが、早すぎて、聞き取れなかった。しかし、映像情報として、映像と地図ははっきりと示してきた。

同時に、彼らの同族たちが数人、落ちてきた。こんなことをしていると、あまり目覚めたくなくなる日もある。肉体を伴って生きるのは、地球時間のリズムでゆっくりと進む生活だ。わたしは忍耐強く、その時間の進みに従わなくてはならないのだ。これはけっこういらだつ。特に予定の決まったことをしなくてはならないというのが。日にちと時間が決まったものはしたくない。

☆さあ、感情体を飛ばそう

日が昇ると、わたしたちは光ある世界に入る。これは物質として光であり、精神からすると、反対に闇に沈むことを意味する。日が昇る前に、まだ暗い時に、感情体のみの体験をすると良い。もう書いたように、リラックスして、内臓・体壁記憶に無理に結びつけない感情体のままの印象を取り込むことができたら、これから恒星に行きますと念じて、その名前を思い浮かべるだけで、もうそこにいる。わたしたちは実は思い出すだけで、もう対象に貫通されている。

想像しただけでそこに行っているなどは嘘だと思う人は、身体が自分の中心であり、感情体は身体の随伴機能と信じているからではないだろうか。身体はチケットを買って飛行機に乗らないと、カンボジアには行けないのだから。これはある種の妄想的なものの見方、地球人、すなわちカテゴリー1の惑星の住人の考え方だ。

感情体が飛ぶための、その人にとって一番良い方法を見つけよう。人それぞれだ。たとえば、わたしなら、身体の外に矢印を想像し拡大していく様を思い浮かべる。すると、身体から少しはみ出したというだけで、変性意識に入る。全体にはみ出さなくても、たとえば腕ひとつはみ出しただけでも、コリン・ウィルソンの言うX感覚に入る。ある人は事故で負傷し、その部位が痛いので、いつもその場所だけ、身体から感情体がはみ出していた。それがその人の能力を作り出した。

　自分で思い返すに、わたしはよく矢印マークを使う。拡大する時には放射状に、たくさん矢印を使うし、バイロケーションの時には、ターゲットに矢印を突き刺すし、また広い会場でたくさんの人を前に講演会をする時には、自分のエリアを、矢印を乱射するように拡張して、この参加者たちを全部包み込む範囲にまで自分のオーラを広げる。これをしないと、うまくコミュニケーションが取れないこともある。

第5章　さあ、魂の星《ふるさと》を訪れよう

～生命の樹を使ったツアーコース～

生命の樹のパスとタロットカードを活用する

☆パスに恒星をマッピング

これからさまざまな恒星へ飛ぶための宇宙マップについて説明するが、カバラの生命の樹を基本シートにして、そこに恒星をあてはめて説明することにした。

カバラの生命の樹は、10個のセフィラという中枢があり、この中枢どおしを繋ぐパス（経路）がある。そしてこのパスは22本あり、これはタロットカードの22枚の大アルカナカードと対応している。その根底には、ヘブライ語あるいはフェニキア文字の22の文字があり、それぞれ象徴的な意味が与えられている。これからは生命の樹、大アルカナのタロットカードを多用して、宇宙地図について説明することにしよう。

わたしたちが知っている宇宙の地図は、三次元的な地図だ。しかし象徴的な意味作用を含む宇宙は四次元以上のレベルの宇宙で、それはわたしたちが知っている空間・時間の秩序に従っているとは限らない。時間の自由性という四次元要素を入れてしまうと結果的に、三次元的な空間も、これまで考えていたようなものと違ってしまう。わたしたちが知っている宇宙地図はまったく正しくない。時間の推移の中で、空間的なものはみな形が変わってしまう。

ということは時間を自由自在に操る意識からすると、空間的な配置、空間的な位置、空間的な形はみなどんどん変形してしまうということになる。ある星が一億年後に消えるとする。すると時間が自由な存在からすると、この星を現出させたり消したりできるということと同じだ。三次元的な宇宙地図で考えるのはあまり妥当でないとすると、いっそのこと、単純な生命の樹のシートに貼り付けて考えたほうが早いかもしれない。

占星術などは、決まった時間リズムに拘束されているので、逆に、物質的三次元世界に入り込む時のタイマーとしては活用できる。

わたしはしばしば太陽を中心にしたプラネタリウムに生命の樹を重ねるが、星は数かぎりなくあるので、このごくごく一部を取り上げる。本来は、生命の樹では、中枢としてのセフィロトが、代表的な恒星の位置にあたるが、今回は変則的に、セフィロトをつなぐパスに恒星をマッピングしてみようと思った。

恒星はステーションであり、通路ではないと思われるので、このパスにマッピングするのは不自然に見えるかもしれないが、パスのほうに当てはめることで、それぞれの恒星の役割を浮き彫りにもしやすい。このやりかたは、アイデアのひとつとして捉えてもらいたい。これが最終決定的なマップではない。

生命の樹は、右の柱、左の柱、中央の柱にわかれていて、平田篤胤式に言えば、図の左、これは背中にしょった形では右の柱となるが「顕」の柱で、図の右、背中にしょった形では左の柱となるものは「幽」の柱だ。顕の柱は、イザナギで、凪すなわち形の柱であり、幽の柱は、イザナミで、波すなわち力の柱だ。

この左右に分かれた陰陽をひとつにまとめると、生命の樹は、7段になり、ヒンドゥーのチャクラと同一のものとなる。これは7つの階段、ヤコブの梯子ともみなされる。

なお生命の樹のセフィラには、惑星が当てはめられている。この惑星を無造作に引用するので、恒星の話をしているのに惑星も一緒に出てきて混乱する人がいるかもしれない。セフィラの意味を説明するために惑星も引用している。生命の樹は、人間身体、太陽系の中の惑星、恒星などさまざまな範囲のものに適用できるということなのだ。

飛ぶ方法

☆受け取った情報の中から、宇宙的な情報を抽出する

あらためて書いておくが、宇宙のどこかの場所に飛ぶ方法は、身体をリラックスさせて、名前を思い浮かべ、いまからそこに飛ぶと意図するだけだ。特殊な訓練も必要ない。というのも

［宇宙ツアーマップ］

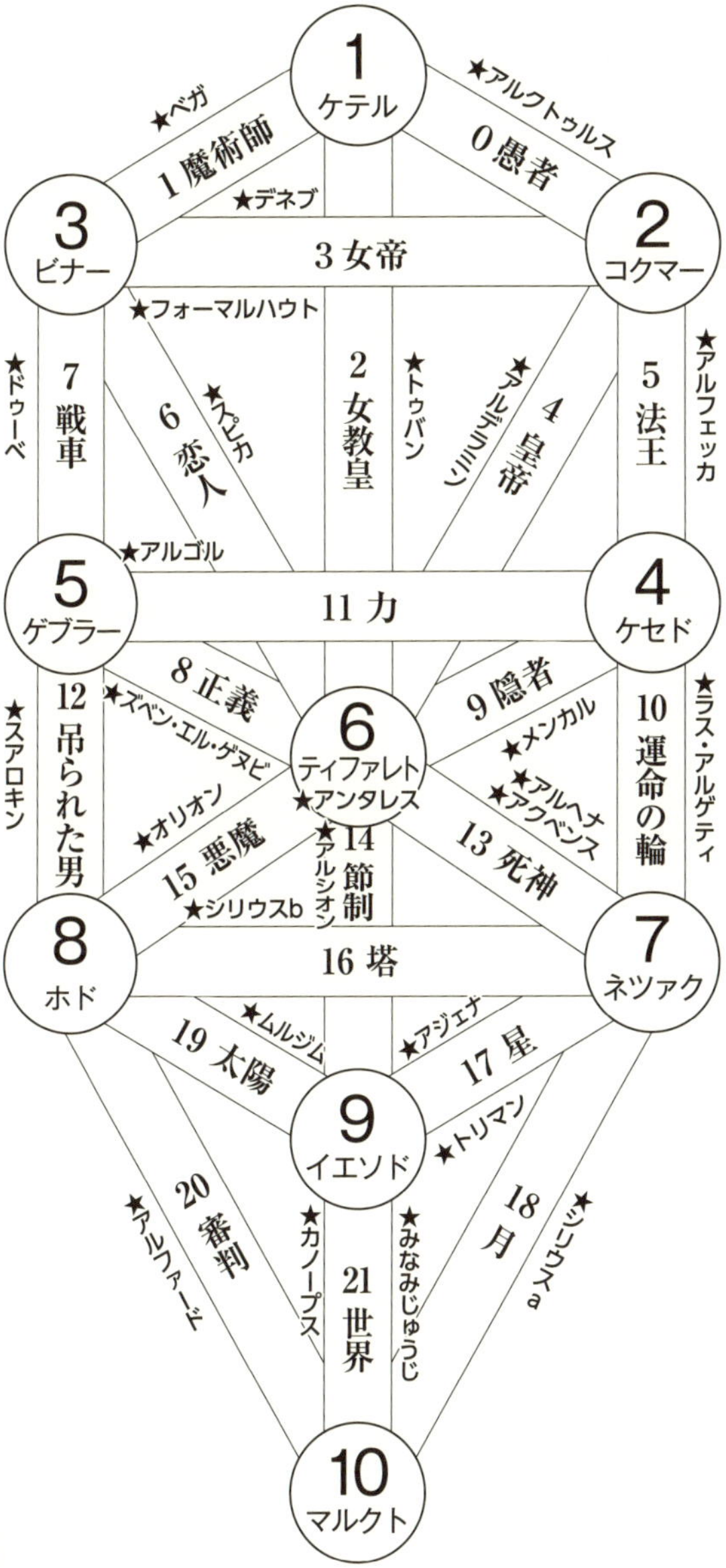

1
ケテル
2
コクマー
3
ビナー
4
ケセド
5
ゲブラー
6
ティファレト
7
ネツァク
8
ホド
9
イエソド
10
マルクト
★ベガ
1 魔術師
★デネブ
★アルクトゥルス
0 愚者
3 女帝
★フォーマルハウト
7 戦車
★ドゥーベ
6 恋人
★スピカ
2 女教皇
★トゥバン
★アルデラミン
4 皇帝
5 法王
★アルフェッカ
★アルゴル
11 力
8 正義
★ズベン・エル・ゲヌビ
12 吊られた男
★スアロキン
9 隠者
★メンカル
10 運命の輪
★ラス・アルゲティ
★アンタレス
★オリオン
15 悪魔
★アルシオン
14 節制
★アルヘナ
★アクベンス
13 死神
★シリウスb
16 塔
★ムルジム
19 太陽
★アジェナ
17 星
★トリマン
20 審判
★アルファード
★カノープス
21 世界
★みなみじゅうじ
18 月
★シリウスa

感情体は、身体とは別もので、特に発達した高度な感情体は、上部の部分がすでにそのまま太陽系の外に接している。そこで恒星などの名前を呼んで、その場所に共鳴するというか、接近すればいいというわけだ。

感情体は身体に従属しておらず、下の部分では身体に接しているが、上の部分は宇宙に拡大している。これが常態であると考えると、横たわって深くリラックスしたりしなくても、歩いている時にふと立ち止まって、注意力を身体から外に向ければ、そのまま宇宙に接触する。

もちろん日常的な印象、身体感覚、周囲の映像、感覚的な情報などは、感情体が身体に接続されている間はそのまま入ってくるし、それらのほうが濃い印象なので、受け取った宇宙的な情報をこの中から注意深く抽出する必要がある。それはトラックが行き交う国道の脇で、小さなささやき声を識別するようなものなのだが、この宇宙に行きますと宣言して、そこに意識を向けたならば、必ずそこに到達している。これは100パーセントだ。あとは、ほかの情報とえり分けることと、またどのくらい体壁・内臓記憶に摩り替えているかを点検することだ。

最初から宇宙的な情報は、たとえようのない、この世のどれとも似ていないものと考えておいたほうが楽だ。わたしたちはそれに慣れていないため、それらを曖昧で、はっきりしないものとみなす。その場合、曖昧ではっきりしないものだと居心地が悪いので、それを体壁・内臓の記憶の器に入れてしまいたくなるが、この誘惑に打ち勝って、できるだけそのままに、加工しないで受け取る努力をしよう。

これは我慢強さを育成する。欲求を、欲求の墓場に沈めないまま受け取る、つまりリリス的な姿勢は、食べ物を前にして食べないでいられるかどうかというようなものでもあるのだから。

ほんの数分、機械を止める、つまり動作、思い、などを止めて、しーんとした中に立ってみよう。そして四次元意識、五次元意識においては、決まり切った時間の長さは意味をなさない。なので、たとえば、わたしは宇宙旅行は一分でいいとも考えていたりする。なんせ美術館では、一枚の絵を三秒しか見ないのだから。身体時間として、地球時間としての一分だが、それは感情体としては二時間かもしれない。

マルクト＝イエソド。21世界
みなみじゅうじ、カノープス…土、火、水、風、心地よいのは？

宮沢賢治は、「銀河鉄道の夜」で、サザンクロスの近くで、讃美歌が聞こえると書いている。この讃美歌は、タイタニックが沈む時、乗船していた人々が歌ったと言われていて、神への階段を語ったものだ。つまり神への階段、ヤコブの梯子、あるいは生命の樹は、一番下の入り口がサザンクロスにある。上昇するには、みなみじゅうじから入るというのが、宮沢賢治のお勧めということだ。

地球は太陽軸に対して、23度くらいの傾斜がある。その結果として、地球からすると、みなみじゅうじは階段の一番下にあるが、太陽軸からすると、下から二番目となり、一番下にはカノープスがある。地球と太陽で、このふたつは逆転する位置にあるのだ。わたしはそこで、カノープスという船の碇が、水の下の床にまで降りている状態を想像してくださいと言う。そして碇を上げると船は出港する。つまり地球視点から、太陽視点にシフトするということだ。

境域の小守護霊

☆宇宙魂にシフトする最初の関門

碇を上げるには、みなみじゅうじの4つの星になじむことから始まる。シュタイナーは人が死んだ後、すぐに境域の小守護霊に出会うと言う。これは牡牛、獅子、鷲、天使の4つが結合したような姿をしているが、この4つの元素である土、火、水、風の元素バランスが良くないと、その人は境域の小守護霊に、異様な顔を見るという。それは自分の投影だ。そしてそれに直面するのは心底怖い。しかし現世で生きていてバランスが取れている人などほとんどいない。たいてい人格というのは、この4つのうちのひとつを強調して形成されるからだ。

ところが宇宙への旅をするには、この4つのうちのひとつで生きているという地球人格の癖から抜け出さなくてはならない。4つのうちのひとつで生きるという地球的生き方、あるいは動物化した魂の段階では、宇宙に行くことができない。というよりも、宇宙に飛び出す推進力も手に入らなければ、入り口を見つけ出すこともできない。4つのうちのひとつに同一化して生きているなら、死んだ後で地球の土として飲み込まれていくということになる。

時間とか空間はひとつのもの（第五元素）が、最初ふたつに、次に4つに分かれたことで生じる。4つに分けると、そのひとつひとつを循環する動きが生じるし、また元に戻ろうとする力が働く。一年は4つの季節がある、というようなものだ。4つを全部まとめないと宇宙に行けないというのは、実は宇宙はこの4つをまとめた、もとの元素であるからと言ってもいい。

地球魂から宇宙魂にシフトするのに最初の関門としてここを通る。人は4つのうちのひとつでなく、4つをあわせた第五の元素が実体であるということを考えなくてはならない。これは動物化した魂から、「人」へ向かう入り口だ。

なんでもお金の価値で考える人もいれば、なんでも愛情で考える人もいる。これらは動物化した魂、四分の一人間だ。お金は土。愛情は水だ。それ以外に精神は火で、知識や情報は風と考え、どれも否定しないで、自分に取り入れることが重要だ。

何か願望を抱いても決して実現しない人がいる。それは四分の一で生きているからだ。ひとつのことをしようとしても、それに敵対する元素が、それを押しつぶしてしまう。そしてその人は潜在的に4つの元素の均衡の中で生きているので、他の3つを押しやって成り立つ四分の一の自分はどこにも動けない。四分の一で生きている人は、地上では不自由で、とても不幸な暮らしをしている。

☆4つの星を巡回して、どんな体験をするか、点検する

この4つのバランスを自分で点検するために、みなみじゅうじの4つの星を巡回するのはとても良いことだ。そこでの体験によって、判断・推理できるからだ。4つのうち、どれかが不快。あるいはどれかが良すぎて、そこにずっといたい。こうした印象などから、判断してみてほしい。土が嫌いな人は、もちろん土に対応する星に行った時に、とても嫌な体験をするだろう。

みなじゅうじの4つの星は、アルファ星がアクルックス。ベータ星がミモザ。ガンマ星はガクルックス。加えてデルタ星だ。これらが、4つの元素、火、風、水、土に対応している。ニュージーランドは、4つの星。オーストラリア、ブラジル、パプアニューギニア、サモアの国旗は、さらにひとつ加えた5つの星が描かれている。この5番目の星はいまのところ出かける必要はないが、興味があれば、行ってみてほしい。

☆地上を支配する、火、水、風、土の4つの元素

生命の樹では、一番下のマルクトからイエソドのパスが、タロットカードの21の世界のカードに対応している。マルクトは物質体。イエソドはエーテル体をあらわしている。これは月の下には4元素があり、月の上には第五元素（エーテル）があるというアリストテレスの思想を反映した図柄だが、第五元素をあらわす真ん中の楕円の中に人がいて、それは両性具有の存在であり、外側に四大が描かれている。

この四大の均衡を取ると、真ん中の楕円（月上にある空の元素）に入ることができるというのはエソテリックの定番的な考え方だ。

地上は4つの元素が支配しており、これは常に主導権が交代するので、何一つ安定したものはなく、常に流転する。第五元素は、この4つの勢力争いは存在しない。というのも4つの元素とは、第五元素を自己分割したものであり、もとのものには空間的、時間的流転というのはない。

流転するとは、すなわち時間と空間があるということなのだ。もとのものは静止しており、自分で動かない限りは、動きは始まらない。4つの季節はこの4つの元素の規則的な交代で生じる。占星術のサインの概念で言えば、火、水、風、土という順番で循環する。

☆4つの星を行き来した後、カノープスで船を手に入れよう

21世界のカードに象徴されるマルクトと、イエソドのパスが、ヤコブの梯子の入り口で、このエントランスには、4つの入り口がある。真ん中にバラがあり、周囲に十字があるという薔薇十字の記号でもある。みなみじゅうじの4つの碇は、この真ん中の五番目のものに吸い込まれる。楕円の形の亀が手足を引っ込めるように。

マルクトは外で、イエソドは家の中という対比で考えてもいい。家の中に入るには靴を脱がなくてはならないが、西洋では靴を脱がないでいい家もある。その場合、イエソドも半分マルクトのようになってしまうということでもある。

4つの星を頻繁に行き来して、そこでの体験をメモしよう。そして次にカノープスに行く。カノープスは、エジプトの船のように見える。わたしはこれを泥舟と呼ぶが、カノープスに乗れば、宇宙旅行において、個体は破損しにくい。

このカノープスは21世界のカードの真ん中にある楕円だ。中の人物は、この卵型をしたカノープスという航空機に乗っているというイメージでもいい。また秦河勝の説話によると、エナ、うつぼ船とたとえられる。

わたしが中学生のころ、朝礼で倒れた時見た、胸の中心の自分の第五元素的種は、茶色でア

ーモンド型だった。この泥舟は茶色で、そしてアーモンド型の船だ。

それは外側にある四大の影響を跳ね飛ばす。というのも四大はそれぞれ別個に接近してくると、この4つのバランスを必ず壊し、結果として真ん中の第五元素を傷つけるからだ。しかしうつぼ舟、あるいはエナは強烈な防衛力を持っていて、外敵には強い。うつぼ舟は強固であるほど、遠くに飛べる。

みなみじゅうじの4つの星を巡回した後は、カノープスに飛んで、そこで舟を手に入れよう。この舟はどんな形でもいいし、好みで選べばいい。つまりカノープスには、たくさんの舟があり、まるでそこは造船所のような場所であると見てもいいのかもしれない。

旅をするには舟が必要

☆マカバは移動可能な地図

宇宙旅行するには、そもそもマカバが必要だと言われている。これは人間の意識を維持するのに必要最低限の要素を全部統合化したもので、星型正八面体が骨格になると言われている。正四面体を反対側に組み合わせた図だ。実際には、これは骨格で、ここから磁力が放射されることで、横に広がった薄くて広い円盤のような形になる。

四次元以上の世界では、この宇宙旅行というのは、ここからあそこに飛ぶことではない。異なる意識ポイントに同調するということだ。そして移動可能な領域とは、マカバの8点の範囲内になる。つまり移動とは、マカバの中にあるポイントの内部移動だ。

つまりマカバとは、移動可能な地図というふうに考えてもいい。この中の範囲であれば、自分は損なわれない、分解しない。マカバは、月マカバ、惑星マカバ、全惑星マカバ、太陽マカバ、複数恒星マカバというふうに、異なる範囲があり、それぞれ飛ぶことのできる範囲が決まっている。

j.j.ハータックが、マカバに乗って、オリオンのサイフに着いたと書いているが、これは複数恒星マカバで、なおオリオンが、このマカバの8点のうちのひとつに組み込まれているマカバだということだ。

実はこの星型正八面体のうち、2点は共有されるので、合計7点となり、チャクラの7つと同じ意味だ。チャクラが7つ全部揃うとマカバが手に入るという意味だ。

チャクラが7つ全部揃うと、どこに放り投げても、その人は自分を再生できるということでもある。7回輪廻すると、その後はよそにいくことができるという話でもある。マカバがないと、宇宙旅行でその人はばらばらになる、というのは当たり前の話で、7つのチャクラを獲得していない人は、足りないチャクラをたいてい、今住んでいる環境の何かに投影し、依存している。だから、そのまま環境から引き剥がすと、身体が裂かれてしまうのだ。全部持っている人は身軽にどこにでも行くことができる。

下から上に上がるマカバは、カノープスで。また上から下に下りるマカバは、アメノウズメが天下る時に使ったアマノトリフネでもあり、それは北斗七星から降りてくる。

北斗七星からは崖から落ちるように降りてくるのでスリルがある。つまりこのグループのマカバは、上の頂点に北斗七星があり、下の頂点にカノープスがあるということだ。

本書で書いている生命の樹のパスのツアーコースは、北斗七星も、オリオンも、カノープスも入っている。マカバは下のほうから見ると泥舟で重く、上のほうから見るときわめて軽く薄く、それでいて強靭だ。

みなみじゅうじで、21世界のカードの四大を手に入れ、カノープスで、楕円の舟を手に入れて、そして碇を引き上げて、出航する。泥舟は進むつど、だんだんと軽くなる。

マルクトは物質体で大地を象徴しており、イエソドはエーテル体。マルクトとイエソドの間には7つの諧調があると考えても良い。それは地上に接する虹とたとえてもいい。このパスが開通すると虹の下にある金の壷を手に入れるという副産物もある。

考えてみれば当たり前の話で、地上で断絶した暮らしをしているわたしたちが、天への階段を手に入れると、上から降り注ぐものが、地上を繁栄させるのだから。

☆イエソドから、ホド、ネツァク、ティファレトを巡回しながら上昇する

マルクトからイエソドに上がって、その後イエソドには、4個のパスがある。梯子をまっすぐによじ登るには、ティファレトに向かう14節制のカードのパスがある。しかし上るためには、左右のパスを交互に使わなくてはならないだろう。蛇は上昇するのに、左右に身体をよじりながら移動する。鳥もぐるぐる回りながら上がる。

そこでイエソドから、ホド、ネツァク、ティファレトと移動しながら上昇すると良い。一回だけでなく、何度もぐるぐると巡回するのが良い。というのも、これらはエーテル体という第二の身体を取り戻し、確実にしていくことに関わっているからだ。マルクトは物質的身体、イエソドは、エーテル体という「気」でできた身体だ。

ホドとネツァクはマニプラ・チャクラを左右に陰陽化したものであり、イエソドはスワディスタナ・チャクラだ。

マニプラは火、スワディスタナは水。そしてケンタウルスとは、火から水に転落したことを意味する。ケンタウルスは、うみへびのヒュドラの毒によって死んだ、あるいは転落したからだ。ということは、ケンタウルスは、ネツァクかホドの位置に対応し、そこからイエソドのパスに溺れたとみなす。

タロットカードとしては、このパスは、ネツァク・イエソドが、17星のカード。ホド・イエソドが、19太陽のカードだ。パスは常に左右の対比を考えるのが良い。それは対照的か、裏腹な関係にあるからだ。片方が出すという意味だと、もうひとつは引っ込めるというような意味合いになりやすい。


スワディスタナ・チャクラも、イエソドも、場所としては性器あたりに位置している。形態としては右足と左足に分岐するYの字型の分岐手前の根っこにある。ここで割れてしまうと、地上においては右か左か、男か女かになるということだ。しかしイエソドそのものは割れておらず、世界のカードでは、これが楕円の中での両性具有存在にあたる。楕円の卵は、内部でふたつに割れ、その後4つに割れるというプロセスをたどる。

幼児は母体の中で育ち、そこから地上に転落するが、その後、性分岐をする。逆にたどると、母体の中に回帰して単一になる。この母体回帰、子宮回帰は、地位のある男性ならば、高級な自動車を手に入れて、そこに包まれるという体験で再現するケースが多いらしい。男の城というのも、これだ。ということは泥舟に乗ることも母体回帰的だ。

マルクトとのパスは、死んだものを蘇らせる

マルクトから、それぞれネツァクとホドにパスが走っているのが見える。マルクトとホドとの回線は、タロットカードでは20審判のカード。ネツァクとの回線は18月のカードに対応する。このふたつは、左右で対になっている。20審判では、ラッパを吹くと墓から死者が蘇る。18月のカードでは、ザリガニが上がってくる図柄だが、ザリガニはラッパで呼ばれて上がってきたのだ。それは水の下にいたが、墓石に埋もれていたと考えてもいい。

この両輪のパスは、マルクトという物質界に埋もれて、死んでいるもの、形骸化したものを、もう一度生命的な柔らかいものに回帰させるということに関係する。イエソドはエーテル物質であり、それは目に見えないものだが、マルクトは物質で、生命的にはそれは死物であり、この中からエッセンスを抽出する行為だ。

物質というのは、振動密度の重い側から言えば、金属、鉱物、植物、水、空気、火などだが、形骸化した死物というのは、鉱物を代表にしている。鉱物の殻に閉じ込められると、それは岩の中にあるというようなものだ。一方でそれよりも振動密度の低い金属は、伝導体であるので、硬く結晶化せず流動化する性質がある。硬い殻として使われるものではない。

20審判のラッパは、金属、鉱物、植物、水、空気、火という物質領域の中から、より軽い要素を抽出しようとしている。ラッパの音、角笛の懐かしい響きによって思い出すもの。また18月のカードのザリガニは、身体を鉱物質の殻で覆われているが、上に上がるにつれて振動密度が上がり、柔らかくなる。

☆古い人間は、ザリガニの形をしていた?

ザリガニは成長すると、19太陽のカードのふたりの子供のうちのひとりになる。これは非物質の子供、エーテル体の身体をあらわす。17星のカードの段階で、それまで信念体系の塔(16塔)が隠していた星の力を受け取ることで、星の光に対応するものが、下から上がってきたのだ。それは古い古い記憶だ。

たとえば、ケンタウルスの種族は、古い時代にオーストラリアに降りて、その子孫のひとつがアボリジニーだと考えられている。地上の信念体系を信じているかぎり、それは荒唐無稽だ。しかし、信念体系としての塔が壊れると、素直にものを考えることができるようになり、アボリジニーは、自分の記憶の中に、ケンタウルスからのものを浮上させる。

わたしたちは歴史的にある時代から、古い記憶を失い、わたしたちはみな星からやってきたということを忘れている。人間は動物から進化したのだという概念は、下から上に向かっての発達で、なおかつ物質的身体が人間存在の中心であるという発想法の上で成立するものだが、感情体と思考体は上からやってきたもので、地上の金属、鉱物、植物、水、空気、火の物質を引き寄せて、可動身体を作った。

星の光を見ることで、古い記憶、20審判のカードに描かれた、墓の中に埋もれた記憶がアクセスされる。シュタイナーはとても古い記憶は鉱物の中に保管されていると述べた。鉱物は、死んだ物質とも言えるので、むしろ古い記憶を凍結し、リライトはしないものなのだ。

星に応じたザリガニが下から上がって来た時、文字通り、わたしたちの古い身体はザリガニの形をしていたのかもしれない。エーテル体は人の形をしていないことが多い。たとえばドラコニアンの系列であれば、だいたい蛇のようなもの、レプタリアンならば虫のような形をしているのが普通ではあるまいか。

宇宙は球体、それらが連鎖した螺旋の管などでできている。そして低い次元に分岐するとは、まっすぐ進む筒に対して、直交する、より小さな筒ができることだ。これは伸びた胴体に手足が伸びてくることに似ている。つまりもっともシンプルな生命の形とは、筒型身体に手足がくっついたものだ。

あきらかにこれは虫になってしまう。

☆一方的な時間の流れを無化し、自分のエーテル体を呼び出す

このネツァク、マルクトのパスである18月のカードにおいては、深い記憶の底から自分のエーテル体、故郷の身体を呼び出さなくてはならない。能動的な働きかけ、反対にある20審判のカードによって、天使がラッパを吹くことで呼びだされるが、この20の数字のカードは、時間の一方的な流れを無化するという性質で、過去にあるものはもう過ぎ去ったものという通念を打破して、どんな場所からでもランダムアクセスする。

この過去から未来へ時間が流れるというのは、わたしたちが惑星生活をしているからで、一方的な時間の流れの中で、存在は二極化され、なおかつ一方的な行為の連続によってカルマが形成される。しかし過去の身体を探すには、もしかしたら、果てしない過去に遡らなくてはならないので、この一方的な時間の流れを無化しなくてはならない。

エーテル体は古い時代に取り残され、それはいつの時代からかわからない。たいていは、エジプト時代以前だ。そこでひからびた虫の残骸になったようなものを呼び出し、成長させ、すると、19太陽のカードのもうひとりの子供にまで成長する。

わたしがエジプト時代以前と言ったのは、ギリシャ時代以後は、わたしたちは太陽神信仰の

世界に住んでいて、太陽の強烈な光によって隠れたそれぞれの星をもう覚えていない時代に入ったからだ。

そもそもそうした星からやってきた種族の人々はことごとく滅ぼされた。16塔のカードの塔は、この星をいっさい否定した世界観の中に閉じ込められることをあらわしていて、ギリシャ時代以後の文明を意味しているし、塔の中は、中世の暗黒（土星の壁に囲まれた狭い土地での歴史）のようなものでもある。

星の故郷を見出すには、過去に置き去りにした自分のエーテル体身体を取り戻す必要があるので、20審判のカードで、しつこく呼びかけ発掘し、これを何度も何度も繰り返すことが肝心なのだが、わたしが実際に呼び出した時は、それは乾燥ミイラのような姿で、ある部屋に横たわっていた。しかし一度呼び出してしまえば、一週間もしないうちに、水分を含むようになり、だんだんと生気を取り戻した。

タロットカードはこうした手続きの取り扱い説明書のようだ。今日的な知性の水準では、あるいは地球人の知能では、このようなカードを設計することなど、とうてい無理だと思われる。

それではそれぞれのパスに対応する恒星について考えてみよう。

ホド＝マルクト。20審判
アルファード…スティーブン・キング、宮沢賢治、幽霊、恐怖体験

☆心霊体、お化け、幽霊はみなエーテル物質

マルクトという形骸化して死んだ物質の中から、生命的なものが蘇るという20審判のカードのイメージは、見ようによっては、墓場で死体から魂魄の魄つまりキョンシーを呼び出すようで、この世には物質しか存在しない、エーテル体（生命体と翻訳されている）などないという考え方に抗って、怖いものを引き出す行為に見える。

お化けとか幽霊は、基本的にエーテル体で作られている。そして、「お化けがいるなんて考えるのは、非科学的すぎる」という考えが、16塔のカードに描かれた塔が遮蔽した結果できあがった考え方だ。塔は土星の障壁で、それは皮膚の牢獄でもある。その外には天王星軌道がある。小説のリングやらせんの貞子のモデルとなった霊能者は、科学者に徹底攻撃されて24歳で自殺したが、抑圧された人はきわめて暴力的で、こうした霊能者をターゲットにする出来事がたびたび起こる。

この攻撃性の根底には恐怖がある。恐怖はエゴがあるからこそ感じることだとジョージ・ア

ダムスキーは言ったが、エゴというのは、個体の保存意思だ。つまり物質的身体と、その世界観にしがみつく人は、常に何かに対して恐怖を感じている。そして物質界からエーテル体を引き出すことは、墓場で幽霊に出会うように、恐怖を刺激することでもある。しかし、幽霊に出くわすとしたら、それはとても珍しい体験で、恐怖心で頭ごなしに否定するより、出会えるものなら出会いたい。一生、ネタにできる。

10年前くらいまで、わたしは千駄ヶ谷のお化けトンネルの近くに事務所を置いていた。このお化けトンネルとは、東京オリンピックの時に、会場に直通する道路を作ろうとして、紀州徳川藩の墓所に、穴をあけてしまったところだ。大量の骨が掘り出され、このトンネルは、その後奇怪な現象が数々起こったと言われている。そのような現象を目撃したことはないのだが、しかし夜中になると独特の雰囲気になって、何とも言いようのない空気に包まれる。

恒星で恐怖体験にもっとも縁があるものとは、うみへび座アルファ星のアルファードだ。そもそも心霊体、お化け、幽霊などはみな物質体でなく、エーテル物質だ。人は死ぬと物質体からエーテル体が剥離する。次にエーテル体の中からアストラル体が離れる。その後、アストラル体から自我が離れる。

より上位の魂、すなわちアストラル体が抜け出て、エーテル的機械要素のみが残像のように残っていることを「死んではいるが、あたかも生きているかのように動く」と表現するが、お化けが怖いのは、この中身の実体が抜けていることが原因だ。つまり心がない、何も理解しない。

☆埋もれたエーテル体を呼び出す

古い時代に埋もれたエーテル体を呼び出すのに、このアルファードは役立つと思う。死んで形骸化したものは、何も感じない。しかしこの中から、生命的なものを少しずつ抽出するというのは、硬直した状態から、戦慄の、あるいはぞくぞくとする、震えるというような反応が、初期症状としてあらわれてくる。

20審判のカードの天使がラッパを吹くと、硬く動かないモノが共振を始め、だんだんと動き始める。そして動きはじめは、醜く、不気味で、不自然な動きをしている。それからだんだんと柔らかいものに変わっていくのだ。上がってくるものが18月のザリガニだとすると、それは虫が這い出てくるのだから、たとえば、墓場を開けると、大量の虫が這い出てきたというような、この手の映画にありがちな気持ち悪さが醸し出される。

アルファードが属するうみへび座は全長１００度もある。ギリシャ神話では、ヒュドラとして登場し、ヘラクレスは、このヒュドラの退治を依頼されるが、ケンタウルスは、このヒュドラの毒で間違って死んでしまう。

☆金縛りは、深くリラックスした時に起こる

ケンタウルスが死んだということは、反対に蘇る場合にも、このヒュドラが使われる。恒星の領域では、どんなものも二極化した考え方はしない。二極化は惑星特有のものだ。分裂とは融合でもあり、また死んだということは、再生という意味も含む。

金縛りは怖いものだという人が多い。しかし金縛りは意識が目覚めていても、身体は眠っているという状態、つまり意識が体を動かすことができなくなった状態で、それは深くリラックスしたということなのだ。そして金縛りになると、たいていそばに何者かがいる。

知覚意識が、身体的な感覚から離れているので、直接エーテル的なものを感じてしまうのだ。怖いと感じることはエーテル体に気がつくことだが、エーテルを感じ取ることは、奈落の底に落ちるような気分になる。深くて身動き取れないという感覚だ。

ところで肉体的な意識の中にあり、日常的な自分というところでは、エーテル的なものを見た時に、怖いと感じる。ところがエーテル体を基盤にした変性意識に入った時には、この怖さというものをまったく感じないで、おどろくほど大胆な自分になってしまうことに本人がびっくりすることが多い。

☆積極的にアルファード的恐怖体験をしよう

このアルファード的恐怖体験のメリットは、物質の眠り、安心、安泰に怠けないでいられるということだ。いつもざわざわする。生命とは不安定なものであり、安心して暮らせるものなどない。怠けものになってしまうと、災害が起きた場合にも、政府などを非難し、その責任を追及したりするが、それはお門違いというもので、安穏と生きることのできる世界などないことを自覚しなくてはならない。

積極的に怖い体験をしよう。アルファードの影響が強い人として、ブレイディは、スティーブン・キングを代表にあげるが、キングの作品に網羅されている怖さということを、アルファード探索の時の参考にすると良い。

スターピープルという雑誌で、宮沢賢治の星についてのコラムを依頼された時に、宮沢賢治がアルファードに深くかかわっていたことに気がついた。多くの人はこのことには気がつかないと思うが、宮沢賢治はおびただしく恐怖を体験していたと思う。それに、多くの作品は25歳までに作り上げており、26歳以後37歳で死ぬまでは生命体の統一性を壊され続けていた。しだいに壊れて行く自分というものを自覚していたと思う。

ネツァク＝マルクト。18月
シリウスa…ヒーリング、動物好き、エステ、美容院

☆シリウス的なものをあらわすエジプトの像

20審判のカードで、死んだ岩に向かってラッパを吹くことで、岩の中から、古い記憶がいご いご目覚め始めたら、そのまま引き続いて18月のカードで、この岩の中に閉じ込められた古い生命記憶、ザリガニを引っ張り出すことになる。

シリウスaとbの出身の知性体が地球に生まれた場合、ヒーリングに長けた人になると言う。ヒーリング業界にいる人には、シリウス系の人が多いということだ。宇宙探索講座でシリウスに飛んだ時、ヒーリングの仕事をしている何人かの人は、「わたしはここから来た」とか「この初期メンバーだ」と言った。このように宇宙探索で、自分の出自を思い出す人は多い。

あるいはシリウスは犬とか動物に縁があり、動物好きの人はシリウスの影響が強いと、エドガー・ケイシーは述べている。エジプトの像で、動物の顔、人の身体というものがかなり多いが、これらはシリウス的なものをあらわす。そもそもナイル川が氾濫する時期を新年としたのも、シリウスのヘリアカル・ライジングによってそのように決めた。日本では、シリウスがへ

リアカル・ライジングした時に原爆が投下された。エジプトではシリウスはイシスとなっているが、それ以外にもシリウスの女神はかなり多い。

シリウス魂がヒーリングに携わる時、アプローチするものは身体か、エーテル体だ。でも、このパスでは、マルクトという身体そのものに接触しているので、物質的施術にも関係していることになる。このパスのテーマは、池の底から上がってきたザリガニを、19太陽のカードのもうひとりの子供にまで成長させるということだ。

☆18月のカードは、人間の3つの脳を描いている

18月のカードの絵柄は、人間の3つの脳をそのまま描いているように見える。一番下の虫脳のところにザリガニがいて、次に旧皮質のところに吠える犬がいる。そして一番上の新皮質は、月あかりの中で寝ている。新皮質が起きていると、常に監視し、この古皮質と旧皮質を抑圧して、古・旧皮質の情報は隠蔽されていく。ということは、この探索は、寝ている時にするのが一番良い。新皮質は古皮質を間違って作られたものだと言いかねないのだから。

新皮質という新しい脳が眠り込むのは夜睡眠する時だけではない。シュタイナーは脳を凍結させるという言い方をするが、脳脊髄神経系を眠らせて、もうひとつの自律神経系をアクセスした時も、新皮質は眠り込んだことになる。こうした使い方をするメソッドはたくさんあり、

リモートヴューイングでのイデオグラム、バイノーラルビート、ウィジャ盤、コックリさん、タロットカード、ダウジングロッド、振り子、キネシオロジーなどさまざまだ。

ザリガニが、19太陽のカードの子供にまで成長すれば、それは知的な表現にもなりうるかもしれないが、ここでは、まだ虫が上がり、犬が吠えている段階なので、言葉にはなりにくい。そこで、このパスの体験も繰り返しが必要だ。何度も何度も繰り返すことで、虫、羊、人という3つの段階の上層にまで浮上してくるのだから。

エドガー・ケイシーは、アトランティス時代末期あるいはエジプト時代初期に、堕落した人々を治療するための神殿があったと言うが、そもそもどこかの星からやってきたエンティティは人間の形をしていない。なので文明が堕落した結果、アトランティスの末期には、半人半獣が増えて、それを神殿で治療したという話は逆に聞こえる。むしろ正常な形として最初から半人半獣がいて、それらをニューウエイブとか新デザインとして、人の形にしていく美容院があったと考えるべきだ。アトランティス時代は、まだ地球は鎖国していなかったので、さまざまな姿・形の生命体がいた。

この時期には、物質的な形として人の形にしたのだが、しかしエーテル体は現代においても人の形をしていない。たぶんエーテル体を人の形にすると、人間の想像力、理解力は著しく狭量なものとなり、知性や感情の応用的な幅がほとんど消失してしまうだろう。エーテル体は伸び縮みするゴムのようなものでありたい。とくに神秘的な能力を持つ人は、エーテル体は、長く伸びる何かの形をしている。フロリダのあるペンションに行った時、階段を上がる時に、後ろからきらきらと輝く波打つ筒がついてきたが、それはペンションの主のエーテル体だった。彼はペンションごとパワースポットの土地を買取り、そこの番人をしていると言った。

十数年前に、新宿の花園神社のフリーマーケットで、東南アジア製らしき、背中にワニを背負った人形を見たが、これとそっくりに、脊髄に沿って張り付いて、人の頭の上に顔を乗せたエーテル体を見たことがある。こうした人たちはたいていい優れた能力を持っている。

☆ザリガニを人の形に整形する？

シリウスaは、シリウスbほど、動物型の存在は少ないと言われているが、マルクトとのパスなので、人の形のヒーリングなどにも関係すると考えると、ヒーリングというよりも、エステ、美容院などにも関係しやすいという話になるだろう。

ネツァクはもともと金星に関連づけられ、それは美意識に関係する。肉体改造のあらゆる可能性は、このパスに関係しやすいということになる。そしてマルクトは物質身体だ。つまり物質身体においての美を追求するのは、このパスということになるからだ。

シリウスaには、bよりも人の形をした人がたくさん住んでいると言うが、それでも、顔はネコだったりするようなイメージで考えてみると良い。シリウスは、きわめて明るく、昼でも見ることができる時がある。その点では、太陽系の太陽に匹敵するくらい、地球には親近感のある星で、地球の長い歴史の中でも、シリウスに関係した事柄はきわめて頻繁に登場する。

ケンタウルスでは、人と馬が一体化するが、その後、シリウスでは、人と動物の区別はないというよりも人の形を格別重視するという習慣がない。

18月のカードが、とくにザリガニが、美容にも関係するというのはなかなか違和感があるかもしれない。しかしザリガニのような存在を、人の形に整形するということであるから、それは硬い硬直したものから、若々しく柔らかいものを引き出すということでもあるのだ。

ホド＝イエソド。19太陽

ムルジム…チャネラ、メッセージの伝え手、作曲家、文章家

☆休みなくメッセージがやってくる

19太陽のカードは、太陽の下にふたりの子供が描かれている。これはイエソドとホドのパスに割り当てられていて、わかりやすく言えば、ふたりの子供の交流は、ホドの水星と、イエソ

ドの月の対話だ。19という数字の意味からすると、目に見える子供10と、精神の中にしか存在しない9の子供のセットだ。

無意識の情報はイエソド、月からやってくる。これをホド、水星は言語化する。ザリガニから成長した非物質の子供の言うことを、物質的子供がヒアリングして、言葉にするのだ。しばしば月イエソドは、大脳辺縁系に関係していると言われ、水星ホドは、新皮質に関係していると言われる。

このパスはいろいろな恒星に配当できるが、そのひとつとして、ムルジムを対応させるのはどうだろうか。ムルジムは常に吠える犬で、休みなく書いたりしゃべったりして、メッセージを伝える。とはいえ作曲家でもムルジムに縁のある人は多いので、表現手段は言葉とは限らず、音楽の場合もあるということだ。

休みなくメッセージを伝えるという時、この情報源は、月からやってくる。もし、情報源が、大脳新皮質的なもの、つまり見たり聞いたり、読んだりしたものだけならば、あっという間に枯渇してしまい、休みなくしゃべるということはできない。表層的知性、大脳新皮質の働きだけで活動すると、本一冊も書くことはできない。つまり19太陽のカードのパスを開発すると、とめどなく、休みなくメッセージがやってくるということになる。

わたしはこれを天空からの、あるいはアカシックレコードのディスクのダウンロードと言うのだが、たとえば夢でいろいろな体験をする人は、これを源流にして、たくさんの情報を作り出すことができる。このパスを開発すると、チャネラになる人も出てくるだろう。イエソドはエーテル体であり、これは表層意識が眠った時にはっきりと現れてきやすい。ホド、水星は目覚めた意識なので、このパスは、眠ったり起きたり眠ったり起きたりしながら、間歇的に情報が取り出されるということにもなる。睡眠時間も決まった規則的な暮らしのほうが情報は取り出しやすい。

☆無意識から情報を引き出す

　このムルジムは、18月のカードで吼えている犬にも似ている。犬が吠えているというのは、警告しているのか、それとも警告そのものがもうすでに情報ということなのか。何か言葉を発するというのは、差異成分があることで始まる。差異、電位差があれば、それは自動的にメッセージになる。という意味では、18月のカードのザリガニがむくむくと上がってくること自体が、メッセージでありまた警戒心を煽り、言葉になる。そしてムルジムはシリウスの手下で、ともに犬族だ。

　ネツァクは金星で、これはホドのような言語化ではない。金星は受け取り、楽しみ、喜び、うきうきするような性質で、腎臓に対応している。無機的に死んだような虫を、情動の活発なラブラドール脳にまで引き上げ、さらに新皮質にまで認めさせるのが良いが、新皮質はホドに対応し、長い間ムルジムの行為を続けることで、知性を訓化する必要がある。

そもそも新皮質は無意識の情報を受け取るようにできていないので、訓練して、この通路を開発しないかぎり、自然的に発揮されることは珍しい。漠然とした印象を言語化するのは、それをしていない人からすると、けっこう大変な作業なのだ。


知性のホドは、横にあるネツァク・金星からのパスによって、16塔のカードのように、硬い殻を突き破られる。知性が信念体系によって硬い殻を持っている場合には、月からやってきたメッセージは、ますます受け取りにくい。読み書きして覚えたことしか語らない知性は、ホドのセフィロトの硬直そのものだが、そもそもホドには5つのパスがあり、知性の5つの開発方向を示しており、これらをすべて使える人はほとんどいないかもしれない。

たいてい得意分野のひとつだけを使うということが多いのかもしれない。知性のトレーニングのために、この5つの方向を練習するという講座とか会を作ってもいいのではないかと、いつも思っている。そうした時、無意識から情報を引き出すという、このムルジム的なパスの開発も必須項目だ。

ムルジムは吠え続けるので、毎日果てしなく文章を書くというのも訓練になる。思ったことを書くというのでは、毎日書くことはできないだろう。プロの文章家は、思ったことを書くということをしない。無尽蔵に書くには、思ったことしか書けないという壁を超えなくてはならないが、空になってもさらに書くという練習をすれば、イエソドとの回路が開くだろう。

ネツアク＝イエソド。17星
アジェナ、トリマン…転落のアジェナ、回復のトリマン、否定的感情

☆身体の中にある器官が、外にはみ出してきたのがエーテル体？

イエソドはエーテル体。マルクトは物質身体という対比があり、マルクトに関わるパスとして、ホドからのものと、ネツァクの側からの両方のアプローチで、少しずつ物質体の中から、エーテル体としての生命体の実質が抽出されていく。これは身体の中に折りたたまれたものが、徐々に起き上がってくる光景で、わたしの体験では、ある日横たわっていると、緑色の、身体よりも少し小さい、そして人の形でないものが、四つん這いになって、起き出してきたというものだった。

シュタイナーによると、人類はある時代からエーテル体が肉体にぴったり張り付くことになったと言うが、エーテル体は植物の性質を借りるということからすると、身体の中に折りたた

まれた植物系の器官が、外にはみ出してきたというような印象でもある。たとえば腸の壁面を全部広げていくと、テニスコートくらいの広さになると言われているが、この広さの壁がさまざまな栄養素を吸収する作用を持っている。植物系の身体が広がると、それは水分を含んで、生暖かいものが表に出てきたという感じだ。

たとえば、植物系器官の出先器官である舌は、いつもは口の中にある。しかし時々それは飛び出す。

☆四次元、五次元意識に目覚め、時間の自由性を手に入れる

わたしたちが四次元意識あるいは五次元意識に目覚めると、時間の自由性が手に入る。これは20審判のカードのような力を手に入れるということでもあるが、すると、決まりきった時間の進行の中に折りたたまれた、この決まりきった時間の流れの中ではゼロ時間とみなされる場所から、まったく違う経験が引き出されることにもなる。エーテル体を忘却し、またエーテル体を思い出して引き出すのも、この折りたたまれた時間の中から発掘することになるが、これは注意力の凝縮度を変えることでなされる。

宇宙人とコンタクトした人は、ほとんどのケースで、この経験を、連続した時間の隙間に折りたたまれているので、いつもの日常意識の平面では思い出せない。思い出すには、このゼロ

時間に見える中に包まれた、異なる時間というものにアクセスする精神状態の再現が必要なのだ。この精神状態はもちろん変性意識というものだが、ドロレス・キャノンの場合には、通常よりももっと深い催眠にかけるのだという。ほとんどの人は、この意識状態は日常意識とは折り合いがつかない。日常意識の連続性は、この深層の意識が出てくると保てないし、時には壊れてしまう。

フルトランスの意識に入ることのできる人がいて、その人は、それを認められなかった時期には、精神状態が荒廃し、アルコール依存症にもなったらしい。宇宙人が折りたたまれた時間の中に、記憶を埋め込んでしまっても、それを自力で押入れから荷物を出すように、引き出すことの可能な人もいる。

このようなことができれば、わたしたちは四次元意識というものに近づくことができる。三次元世界に生きているわたしたちは、時間的にも、空間的にも、まるでシフォンケーキのように穴だらけで、さまざまなものが貫通しても気がつかない。地球がカテゴリー1だとすると、宇宙の中でもっとも粗雑な成分でできていて、意識は穴だらけだ。一時間の間、目覚めているのは数秒で、あとは昏睡したまま、つまりわたしが不在という状態だと、宇宙知性からすると、レンガを運ぶように、位置を動かすことなど簡単だ。それでいて自由意思を主張する。

時間のランダムなアクセスは、空間のランダムなアクセスにも対応していて、いままでなかった場所に、突然何かを見ることになる。1ミリ間隔の点描で描かれた絵の中に、1.2ミリ間隔の点描で描かれた違う絵を発見するようなもので、注意力が、いままでと違うところに目を向けたということだ。500キロヘルツのラジオ放送から、530キロヘルツのラジオ放送に同調を変えたような。違うところで結像すると、いままで見えていたものは消えて、違うものがくっきりと見えることになる。

そしてエーテル体がはっきりと出てくると、こんどはイエソドに関わるパスが、エーテル体をより多彩な形で強めていく働きをする。

タロットカードの数字は物語の順番をあらわしていて、17星のカードで、絵柄に書かれているように星の力を受け取り、蓄積されたものを池に流し、この星の力に符合する古い記憶であるザリガニが上がる18月のカードになるのだが、星の光を見ることで、鏡関係にある古い記憶ザリガニが喚起され、かつて自分はそこにいたという記憶を、ここで引き出す。

☆多くの宇宙知性は、人にも神にもなれる

ケンタウルスで重要なのはもっぱらアジェナとトリマンで、転落がアジェナ、もとの星に戻ることがトリマンだ。この17星のカードの図像は、羽衣伝説にも対応しているが、地上に取り

残された天空の娘は、いったん記憶喪失していたが、それでも元の場所とのつながりを持っている。その記憶の再生が上がってくるザリガニの成長である。記憶喪失は16塔のカードで信念体系としての塔に閉じ込められた段階のもので、15塔のカードのように、塔が壊れてしまうと、壁を見えなくさせていた星が見えるようになった。

カテゴリー9の惑星に住む宇宙人とコンタクトしたというミシェル・デマルケによると、ケンタウルス座の中にある惑星から、地球にやってきた種族は、黒人種と黄色人種で、それらは白人種よりも古い存在で、中国とかアジアに黄色人種が、そしてオーストラリアに黒人種が降り立ったのだという。

時間の中で生きる人あるいはヒューマノイドは、惑星の上に住むが、神話的元型の存在は恒星に住む。ただ地球人のように、物質的に閉じ込められていないので、多くの宇宙知性が、惑星型と恒星型を行き来できる。大げさな言い方をすると、人にもなれるし、神にもなれるということだ。

あるいは小天使にもなれるし、大天使にもなれる。ケンタウルス座からやってきた知性は、地球に入り込んだ後、けっして古巣には戻らないと誓ったらしいので、それは地球特有の物質性に幽閉され、もともとの自由性を失う。ケンタウルス座から地球にやってきたということ、そのものが転落したという解釈になるだろう。

アボリジニーは、オーストラリアに落ちてきたケンタウルスの人々の末裔だが、彼らはドリームランドに入るのに、薬物などを使ってトランス状態になる。しかし現代では、薬物の使用は禁じられているので、アボリジニーは伝統的手法を封じられたということになる。スタニスラフ・グロフは、大量のLSDを使うことができなくなった段階で、そのかわりに過呼吸を利用するようになった。過呼吸は、身体から感情体は離れるので、というか、この身体と感情体の接合部分に、比率の合わない矛盾したものを差し込むので、一時的に感情体は、身体体験を伴わない記憶を引き出され、それが産まれる前の記憶を思い出させるのだ。ケンタウルスの末裔が、ケンタウルスを思い出すのに、薬物でなく、ほかに多数の方法がある。

自分を身体的な存在として認識すると、身体はもちろん地球の金属、鉱物、植物、動物、水、空気、火などで作られているので、星からやってきた存在ではありえない。が、自分を感情体としての魂として考えると、魂はエーテル体を足場に持ち、エーテル体を引き出すことで、自分の半身の出自を思い出す。それは知的な行為でなく、感性としての行為であり、金星も月も言葉として説明などしない。感じるだけだ。つまり理屈としてそれらを説明することはできない。このパスは言葉で説明されるものは少ないとも言える。しかし、感じたものは、19太陽のカードのパスでは、言語化されていく。つまりネツァクから、イエソドへ。そしてホドへと繋がるということだ。

☆フォトリーディングはエーテル体の視覚を使う

転落のアジェナと回復のトリマンは常に表裏一体なので、両方を体験することが好ましい。転落とは記憶を失い、信念体系の壁に閉じ込められることであるが、もっと広い範囲でいえば、個体として、人として生まれたということだ。神性を持つ存在は、人として生まれることは転落や堕落を意味するので、受肉直前は、これはひどく落胆する体験でもある。

エーテル体知覚を使うと、レンガも透明に見えると言われる。フォトリーディングは、本を開かなくてもできると言われているが、これらはエーテル体を使うから可能なことだ。16塔の作り出した壁というのは、肉体の視覚を使うと壁だが、エーテル体の視覚を使うと筒抜けだし、その先の星は十分に見える。体外離脱をする時に、寝室の隣の壁は気にならず簡単に突き抜けるが、壁があることを意識すると、急に動きが鈍くなる。

17星のカードで、地上に立つ天空の娘は、犬が羽衣を盗んで戻れなくなった状態がアジェナであり、天空に戻っていくところがトリマンだ。

精神宇宙探索の会のある男性参加者は、神経症に苦しめられていた時代に、傷ついた女性を夢に見ていたという。女性シンボルは基本的に、金星、ネツァクになりやすいのだが、ネツァクという火の領域から、イエソドという水の領域に水没した女性は、水に絡め取られているので、象徴的には溺れているということだ。

これらはアジェナということに対応しやすい。そしてカノープスを茶色の泥船と説明したのは、これがまだマルクトにつなぎとめられていて、イエソドの水は、その背後にマルクトという土が結びついている時には、それは茶色、あるいは土が濁った水というふうに見えやすい。アジェナの天体の影響を強く受けた人は、何かと性的な面で被害を受けると説明されているが、性的な面で被害を受けるというのは、金星に対応するネツァクが、イエソドに対応する月に転落したのち、その先のマルクトで、男女の二極化をすることに関係する。それに迷惑をかけられるというのは、性的二極化からすり抜けることができなくなり、その人の中で、それにつかまっている要素がある結果生じることだ。

天女が戻るというのは、マルクトからイエソドに移行して、21世界のカードのように、この二極化を卵の中で統合化し、それから金星があらわすネツァクに飛んでいくということになる。これはトリマンだ。とても軽くなり、重苦しい感情というものは薄れていく。否定的感情というのは、常に二極化されたところで生じていくもので、トリマンによって、統合的人間性が回復すると、この否定的感情というものをかなり持ちにくくなる。

また物質的な世界に対する執着心があると、それは必ず否定的な感情を作り出す。それを持たないということはありえない。物質的になるというのは、限定された、いま・ここにしかないものにしがみつくことであり、それは、他のものを否定するという気持ちを必ず発生させる。7の法則は地上に接する虹のようなもので、一番下は地上に接していなくてはならない。ななので、プレアデス7人娘とか、北斗七星とかは、7つのうちひとつは地上にいて、天空に戻ってはならない。この地上にとどめられた女性は、必ず否定的感情に支配される。

自分は解放されているが、解放されていない人に捕まってしまうという人もいるかもしれない。しかしそれは自分が解放されていない人ということとかわりはない。羽衣伝説ではもともとが、湖の水を浴びていたことで、捕まえられる。丹後型の伝説では、ずっと捕まえられていたわけではなく、追い出され、さまよった挙句にある土地に定着し、豊宇賀能売神（トヨウケビメ）になった。

☆**トリマン人は教師的な存在**

地球にはトリマンと直通の次元がある。それはかつては地底都市とか、シャンバラと言われていた。これは地球次元とは同じ場所にないので、ヒットラーのように物理的に探すという行為は不毛な結末を迎える。トリマンに行くには、自身の中のネツァクが泥（マルクト）にまみれていない、軽いものになる必要があり、感性の浄化、とりわけ二極化に習慣化されていない感性というものを育成することなのだから、地底都市やシャンバラに行こうとしたら、それが必要だということになる。

一度パスを通過するだけではなく、これらのパスを巡回しながら、互いにそれらを太くしていくということが大切なので、ぐるぐると巡回バスのように、これらのパスを行き来するのがいい。それにパスは通過する都度、そのパスの状況を如実にあらわす体験をしていくので、進捗状況の自己診断ができる。アジェナの次はトリマン、またアジェナ、またトリマンというふうに移動するのだ。

パスを歩くことをパスワークと言うが、何度もやっているうちに、そこに伝言板が置いてあったりする体験もすると思うが、トリマン人は基本的に教師的な存在だ。それはホワイト・ブラザーフッドの一員だと言われていて、緻密な教育プログラムを持っている。それらはマルクト的な接点を持たないので、物理的に会うこともできないし、教育も物理次元では行われない。わたしは毎日夢の中で学校に通っていた時期があるが、前の晩に見た夢の続きが、次の晩の夢になるという連続的な体験だった。こうした人々との関わりで、何かある時も、このパスの伝言板に書かれていると考えてもいいのではないか。

☆宇宙魂を取り戻すために、人間の形でないエーテル体を手に入れる

分身として、どこかの星を出身にするエーテル体。星の光に照らされて抽出された古い記憶としてのザリガニが成長し、19太陽のカードのふたりめの子供に成長した身体がないことには、その後の宇宙の旅はできない。旅の最初には、4つの力の均衡を取り、5番目にある入り口を探し、そして船を手に入れたが、次はエーテル体の身体を手に入れることが重要だった。そしてエーテル体は人の形をしていないと説明した。

ロバート・モンローは、自分がプレアデス出身だと述べている。体脱する時にロート型になることを好んでいたというが、ロート型の身体は、尾をたたんで背中の側に巻き込み、クライン瓶型になった龍として、アルシオンにありがちな形だ。

となるとロバート・モンローはエーテル体で、人の形になるのは居心地が悪いに違いない。人の形は、地球上で作られた人工的なデザインの一つに過ぎないので、それは生命の形としては、わりに窮屈なものであり、あまり便利なものではない。本書は宇宙魂を取り戻すという趣旨の本だが、人間の形でないエーテル体を手に入れるというのは、宇宙魂を取り戻すにはとても大切な項目なのだ。

ネツァク＝ホド。16塔
シリウスb…超越的な開放、修験道、爆発、音楽

☆信念体系に凝り固まった殻を、打ち破る

イエソドとネツァクをつなぐパスは、17星のカードだが、このカードに描かれた星は、北斗七星、プレアデス、またエジプト系のデッキではシリウスと言われている。ヒーリングに関係するといわれるシリウスａ、トリマンなどは、トリマンがエーテル体としてのイエソドに関わり、心理的なものに関係し、そしてシリウスａをマルクトとネツァクのパスにマッピングすると、物質身体マルクトに関係するという点では、シリウスａは物理的なヒーリングにも関係するということを書いた。

ホドは水星にあてはめられ、知識の殻のようなものも作り出すが、このパスではネツァクから殻を破る衝撃がやってくる。これがネツァクとホドのパスで、16塔が割り当てられているが、絵柄としては、ホドが塔。ネツァクが雷を象徴する。信念体系に凝り固まった殻を、ネツァクは打ち破る。ネツァクは外に開かれたオープンなマインドを象徴している。人はいったん知識を手に入れると、そこに安住して心を開かない。目から鱗が落ちたという言葉は、このパスに

関係したもので、塔が壊れましたという言い方も同じことだ。

こうした破裂すること、殻が破れること、超越的な開放を促す恒星で、もっともぴったりな本性を持つものとはシリウスｂだ。ネツァクから、マルクト側に降りるのはシリウスａで、それはある程度は物質的形態を大切にしているし、ネツァク的な意味で、美容なども関係するが、ネツァクから知性の信念体系を打ち破るのはシリウスｂ。つまり同じシリウスと言っても、かなり性質が違うと言える。

たとえば、肉体的に極限までいって超越意識に入るという行法などは、ほとんどがシリウスｂに関係することで、わたしは修験道とかトレイルランニングは、火星とシリウスｂがバイパスするということに関わると説明している。枠を破るという方法が運動ならば火星がバイパスするが、感性を使い、芸術、音楽などで発揮すれば、金星バイパスのシリウスｂとなる。音感は唯一、人を身体の外に連れ出してくれると言われている。音楽を聴くとたいてい身体の外に意識が広がる。それは金星バイパスのシリウスｂということだ。

固定的な時間率を複合して、単調な時間率ではなくなった音楽として武満徹、ミヨー、アイヴズなどは、とくにシリウス的な音楽と考えてもいいのかもしれない。これは決まり切った時間の枠を撃ち壊すことに他ならないのだから。音楽による超越意識の獲得とは、音楽を聴くというよりも、その中に飲み込まれていくくらい深入りすることだ。すると、そのまま身体の外に連れて行かれる。

感情体が、身体に結びつくことでのみ体験できる諸事に関心を集中させている時には、音楽体験はそう生々しいものではない。だが、音楽が現実の体験よりもリアルだと感じる人はたくさんいる。そして音楽を通じて解放される人は、金星バイパスのシリウスbのスタイルなのだと考えるといい。この16塔のカードでは、雷という波動的なものが、塔という粒子的なものを撃ち壊すので、音楽体験なども、ふさわしい。

☆シリウスは上野駅？

人間の形をしていないイエソドと、マルクトと同じく、人の形を持とうとするホドの対話が、19太陽のカードだった。

基本的に、シリウスaには人の形のエイリアンが住んでいると言われているが、シリウスbには動物の形が多く、むしろ人の形をしたものは少ないと言われている。また物理的に存在していないものも多いという。とはいえシリウスaもbもさまざまな宇宙種族が住んでおり、わたしはいつもシリウスのことを上野駅のようなものだと説明していた。いろいろな地方から人がやってくるのだ。

シリウスaとbのような連星は、互いに電位差を作り出すことで、意識の活動を刺激する目的がある。恒星と、惑星の関係では、互いの落差で、そこに時間と空間が生まれ、意識の活動があり、生命が住み、生活が発生する。しかし恒星だけだと、それは闇夜にひとり輝く存在で、単独では意識活動が維持しづらいかもしれない。意識とは落差で生じるものだからだ。

そこで、連星によってキャッチボールをしていくというようなイメージで捉えてみるといい。自分を均等なふたつに割る。太陽系のようなスタイルでは、ひとつの恒星がプリズムの光のように7つに分割される。たいてい連星は、やがては片方が片方を飲み込んだり、吸い込んだりする。

☆一気に爆発させて形をなくすシリウスb

シリウスは地球上で親しまれている。シリウスのaとbは、富士山と、伊勢神宮の背後の朝熊山にも対比されている。17星のカードでは、中心の大きな星がシリウスでイシスであり、周囲がエジプトの7人の女神と言われたりすることもあるが、ハトホルは金星バイパスのシリウスだとも言われる。

シリウス信仰は大陸を東に移動して日本にも定着した。しかし地上に反映されたシリウスよりも、直接シリウスに行くほうがはるかに、その意義が理解できる。そしてもう説明したように、シリウスｂに行くことで、固着した信念体系を打破する突破力としての16塔のカードの力が強化されていく。
あらゆる制約を突破して、爆発すること、解放されること、超越的な輝き。これらはシリウスｂのもっとも本質的な特徴だ。ａはそこからすると、爆発するのでなく、むしろ変形すること、つまりもっとおとなしい形で発揮すると考えられる。ケンタウルスの、アジェナが転落であり、トリマンが解放だとすると、これは形を持つ、形をなくすということに関係し、この対比と同じく、物質的存在性に配慮して、それを加工したり調整したりするのはシリウスａで、一気に爆発させて形をなくすのがシリウスｂだ。

ホド＝ティファレト。15悪魔
ネツァク＝ティファレト。13死神
オリオン…創造性、弁財天、宗方三神
アルヘナ…アカシックデータ、遺伝子情報
アクベンス…犠牲、魚、死と再生

☆13死神のカードと、15悪魔のカードはセット

胸のアナハタ・チャクラと同等の意味を持つティファレト。マニプラ・チャクラと同等のネツァク、ホドからティファレトに向かうパスはふたつになる。ネツァク、ティファレトのラインは13死神のカードで、ホドとティファレトのラインは15悪魔のカードだ。

この二枚のカードは対照的なふたつのパスをあらわすので、セットで考えたほうが理解しやすいし、常に相補関係にある。しかしチャクラで説明すれば、マニプラ・チャクラから、アナハタ・チャクラになり、一本の通路しかないことになる。

15悪魔のカードとは太陽の自己分割だ。太陽は7つの惑星に分岐する。理屈としては、惑星は7つの月に分岐する。これは自分を割って、小さな自己に分割することを意味する。下に向かうとは、創造の光線の流れだ。

悪魔はふたりの手下をつれているが、自己の創造的な力を、外界に投影する。自分を世界に張り付ける。臍から出た糸（太陽の黄金の糸）が、外界にあるものに結びつくのだが、このことで、悪魔はより低い世界に縛られることになる。自分を裂いて、世界にばらまくという意味なのだ。

反対に、13死神のカードでは、この15悪魔が世界に自分をばらばらに裂いてしまったことの後始末をする。地上に向かった糸を次々と鎌で切っていくのだ。

ダイアン・フォーチュンは、古代のある教団では、教団員を体脱させて、その後次々とシルバーコードを切り離したと書いた。すると、地上では植物人間が残り、魂は、時間のない世界に半眠状態でとどまる。半眠状態になるのは、まだ思考体・感情体で独立して明晰な意識を持つほどには成長していないのだ。身体を持たないことには意識が明晰でないというのは、身体依存なので、カテゴリー1的だ。

そしてある時代がくると、全員をそこで受肉させる。魂のクラスタは個別では動かない。クラスタ全員が、一挙に移動するので、この話に似ているが、15悪魔は世界に紐をたくさん伸ばし、13死神はそれらで不要なラインを次々と切断する。テレビドラマでは、暗殺者を掃除人と呼ぶが、13死神は掃除人だ。

補足で書いておくが、ダイアン・フォーチュンの言う教団のやり方は、人道的ではないように見えるかもしれない。しかし、同じクラスタというのは、感情体とか思考体で考えると、実は単一の存在で、それが複数の空間・時間に錨を降ろすと、複数の人になる。なので、この教団においての集団移動というのは、実はひとりの人間の移動に過ぎないとも考えられる。

そしてシルバーコードを切ったというのも、思考体、感情体はまったく無傷のまま、地球の時空と繋がりを持つ複数の身体を切り離したという意味なのだ。複数の身体に繋がる紐はどのくらいの数があるのかわからない。10人なのか、１００人なのか、もっと多いのか。

15悪魔のカードと、13死神のカードはセットだ。若い時期には社会で活動したいので、世界のさまざまな分野に、自分を分散させる。しかし老年になると、自分がこまごまとしたものに消耗していることに飽きて、13死神を呼び出して、不要なシルバーコードを次々と断捨離する傾向になる。

☆多くの宇宙種族を生んだ、アルニラム、アルニタク、ミンタカ

15悪魔のカード、つまり創造的なあり方ということでは、オリオン三つ星以外には見当たらない。とりわけ権威的で、ラー神に対応するのは、アルニタクと言われている。アルニタクがエジプトに関係するとしたら、ミンタカはギリシャに関係する。むしろ、エジプト時代からギリシャ時代に推移する隙間、断面にミンタカがある。

ミンタカは常に断層やつなぎ目にいて、異次元を繋ぐ性質がある。それに比較して、アルニタクは特定の場において創造的な展開をするのだ。もうひとつのアルニラムは、とりわけティファレト（アンタレス、蠍の心臓）との結びつきが深く、鏡像関係にあるようなたくさんの平行世界を作り出す。バラエティのある夢見だ。

このアルニラム、アルニタク、ミンタカの三つの星はどれもが創造性を代表するものであり、たくさんの宇宙種族がここから生まれてきた。日本にある弁財天の神社は、みなこの三つの星に関係するので、そこに出かけて、その場所からこれらに旅をするのもいいのかもしれない。琵琶湖の竹生島や、広島の厳島なども。また日本では弁財天以外に、宗方三神も、このオリオン三つ星に結びつけられている。

☆アルヘナが大胆になると、地上が傷つく？

13死神のカードの位置には、いくつかの恒星が候補にあがる。たとえば、アルヘナを配置するのはどうだろうか。双子座ガンマ星のアルヘナは、ラクダの首の焼き印という意味だが、移動する印、去っていく印、行進する印などの意味。そして神が地上に接触しているかかとで、かかとに傷がつくということをあらわしている。なので、傷つくことを嫌がって、地上に接触しないという行為も含まれる。

もしアルヘナが大胆になると、地上に接してかかとが傷つくというよりも、かかとが強く、地上が傷つくということにもなる。そして時には、地上との接点を取り除くということにもなる。アルヘナには、多くのアカシックデータとか遺伝子情報のようなものが保管されていて、これはチャクラで言えば、胸のアナハタとマニプラの間のどこか、むしろ胸に近い位置にある。

それは地上の時間の流れの中では風化しないものを保管する。神が地上に接する時にかかとは傷つくというのは、地上の時間空間の個別性によって、記憶に欠落が生じるからだが、地上に滞在する時間は極端に短いので、長い目で見ると、そう深刻な話でもないとも思われる。

でもアルヘナだけでは消極的で、13死神の大胆さがない。そこでもうひとつ、ここのパスに付け加えるものとして、蟹座アルファ星のアキュベンス（アクベンス）を入れておきたい。これは爪を意味する言葉で、黄道面に近いためにしばしば月とか惑星などで隠される。

このパスは、ヘブライ語では、魚をあらわすヌンという語が対応しており、犠牲になることなどの意味がある。13死神が地上との接点をばっさりと切り捨ててしまうと、中空に浮かぶ魚になるということだ。

アクベンスは、スカラベに関係すると言われていて、太陽神の死と再生に関わる。ダイアン・フォーチュンの話で、シルバーコードを切り離すということを書いたが、人が死ぬ時には地上との綱をつぎつぎに切り離すのが通例だ。日本では、先祖を祀ったりお墓参りに行ったりするが、それはあまり良い習慣とは言えない。切ったはずのコードを手繰り寄せてしまうからで、死者は死後忙しいかもしれない。そんな時に呼び出すのは迷惑な話だ。

先祖を祀るのは、地上生活がもっとも大切という、生きている者の傲慢さをあらわしている。

霊や魂の長い生存期間からすると、地上の人生は一年の中での1日くらいの範囲のものなのだ。最低26000年生きるとすると、人の一生はこの中で365分の1だ。そこに引きずられるのはあまり好ましくないと思われる。

☆地上に降ろした紐、矢を回収する技術を身につける

こうした時、アキュベンス、アクベンスは地上との紐をくっきりと切断する。それは糸を巻き戻した蚕とかでもいいいし、回収して違う世界に再生するということなのだ。これは胸の中心にある世界卵に戻すことだ。アルヘナは保管することに。そしてアキュベンスは切ったり繋いだりするということだが、つなぐのは15悪魔のカードなので、アキュベンスは切り離すほうによりウエイトが強まっている。

オリオン三つ星のアルニラム、アルニタク、ミンタカ、そしてアルヘナ、アクベンスなども頻繁に行ってみよう。世界に入ったり、世界から去ったりするという行き来の力は、均等に育成するのがいい。この自分の卵からほどいた紐を外に投影したり、また撤去したりするということについてはほとんどの人が知らない。日本では、この世界に投げかけた紐は、矢として表現されたりもする。

生命の樹は、四つの次元のそれぞれにあり、ひとつの次元のティファレトという中心点は、

次の上の次元のマルクトに対応する。この四つの樹なども考慮に入れると、中央の柱にあるセフィラのすべてから、放射状に矢や紐が飛び出るということにもなる。下の次元に分割されるということは、ひとつのものが7つに分光するということなので、これは7つの矢がひとつの球体から飛び出ていくイメージで考えることができる。

13死神のカードのパスは、停滞、不運、チャンスを失うなどに関係するが、地上に降ろした紐、矢は、意図的に回収する技術も身につけなくてはならない。地上との繋がりの紐が継続しているということは、この地上の時間・空間の因果律、固定性に自分も縛られてしまうことを示している。繋がったまま、それでいて特定の時間リズム、空間性に拘束されないということを考えるならば、同時にパラレルの世界に糸を降ろすということをしたほうがいいのかもしれない。

ティファレト＝イエソド。14節制
アルシオン…消極的、自己管理、グレート・セントラル・サン

アナハタ、ティファレトという胸の中心の力は、外の世界に投影されると15悪魔のカードになる。しかし自分自身の中に直接引き下ろす自己生殖は、このティファレトとイエソドのラインで、タロットカードでは14節制のカードに対応する。そもそもタロットカードは、数字の順

番で、プロセスが物語のように進行する。なのでまずは14節制があり、その上で、余った力があれば、それは世界に漏れ出す15悪魔になるのだ。さらにこの漏れる力が強い場合には、器を壊してしまう16塔に変わる。

☆エーテル体は、生命活動の個性がそのまま反映される

14節制のカードの図柄の上の杯は太陽、あるいはティファレト。そして下の杯は、イエソド、月の杯だ。ティファレトをアストラル体とみなした時、イエソドはエーテル体なので、このパスは、アストラル・エーテルと言われる。つまりアストラル体の性質が、エーテル体に刻印されるのだ。自分の目的に沿った身体の形を持つということだ。

エーテル体の身体なので、それは不可視の身体であり、気の体と解釈すると良い。諏訪大社で祈祷を受けた時、祈祷を行った人のエーテル体は大きな蛇の形をしていた。諏訪大社の祭神は、ミシャグジであり巨大な蛇なので、祈祷を行う人のエーテル体が蛇でないとしたら、この人はフェイクになってしまう。

理屈ではエーテル体は、次に、その下のマルクトである身体に刻印されるはずだが、何度も書いたように、地球では、マルクトとイエソドには断絶があるので、エーテル体の身体の形と、肉体の形は合致していない。人体は誰でも同じような形。そしてエーテル体は、それぞれ個性

的な形態を持つ。それは生命体という意味なので、生命活動の個性が、そのまま反映されていくからだ。

感情はエーテル体という気の身体と動作が連動しやすいので、感情の傾向を見れば、エーテル体を想像できるだろう。身体と同じような感情を持つ人はいない。身体と同じような感情を抱く人がいれば、その人の感情は身体の枠に閉じ込められているということになり、感情は誰に対しても働くことはないということになってしまう。つまりまったく誰に対しても、何に対しても関心がないとしたら、感情の形やエーテル体の形は、人の形と似てくるだろう。

15悪魔のカードは力を外に漏らすのだが、14節制はまったく無駄なことをしないで、こぼさないので、節度はあるが、この世界においての可能性を拡大することもなく、地味で、消極的だ。

14節制は、エネルギーを外に漏らさないので、自己管理という点では落ち度はない。15悪魔のカードのパスは、非難されることばかりをするのかもしれない。というのも創造というのは、いままでになかったことをするのだから。

15悪魔のカードは太陽の自己分割という説明をした。しかし本来の正常な基準値においての正確な自己分割というのは、ひとつを7つにということで、太陽から月へというコースは、この直下へ降ろすラインだ。太陽系システムは、プレアデスが作り出した。

プレアデスの伝説は、7人の娘の一人が地上に降りた。ということで、北斗七星、あるいは羽衣伝説の、最後の娘が、地上にとどまる。プレアデスの7つの法則のうち、ひとつは地上に面している。プレアデスは天と地上の間に板挟みにあっている。自分を人柱にして、7つ世界が維持できている。


ロバートモンローが体脱する時の身体がクライン瓶、尻尾をひっこめた龍の形と説明したが、平面型としては、これはレミニスカートだ。内と外、その交流というのは、ティファレトとイエソドの間の関係に見出される。そして骨格は、レミニスカートを基礎にして形成され、肉体は地上の神殿であるという点では、骨格はまさに見事な法則を示している。

このティファレトから降りてきたものがイエソドに定着すると、その下の21世界のカードでの中心点の位置がわかる。21世界のカードは地上に立っている。が、地上を基準に考えてはおらず、イエソドを中心に考え、そこから地上に降臨しているのだ。地上を中心に考えると、わたしたちは誰も、自分の本来の位置というものを理解できなくなり、まったく目的を見失う。

4つの力のいずれかに振り回されて位置が歪んでいた場合にも、この上から降りてきたものによって、正常な位置へと修正される。このイエソドの場は、エデンの園という意味も含んでいる。エデンの園は神と接触できる場所だった。マルクトは追放された世界であり、そこでは神と接触ができない。

マルクトに囲まれた中で特区のようなイエソドは特別に保護された場でもあり、小さな意味では、家だ。日本ならタカマガハラ。天においての支配者はアマテラスであり、その地上代行者が天皇であるというのが神道での考え方だ。その考えからすると、21世界のカードは天皇が担っているという話にもなりやすい。そして天皇は、アマテラスと直通回路を持っているということになる。

☆「純地球人＝プレアデス系」？

昔懐かしい話だがフォトンベルトの話題があった。これはアルシオンから放射された光線が、太陽系の中の地球に届くという話で、太陽系はプレアデス星団のアルシオンを中心に26000年周期で銀河を回っており、11000年毎に2000年かけてフォトンベルトを通過するという考えだ。地球がそれに浸されるのは2012年12月23日ということで、これが精神世界においてのアセンション説などと結びついた。歳差周期と同じ26000年で太陽系が回っているというのは高速すぎるので、不自然な話にも聞こえる。

アルシオンは、アカシックデータが保管されたグレート・セントラル・サンだと言われているが、フォトンベルト説は、14節制のカードの上の杯の液体が、地球に降り注ぐイメージで考えてもいいかもしれない。ちなみにアセンションというのは、自分の上位の意識と、肉体が同心円的に同調する、軸あわせをするということで、つまりマルクト、イエソド、ティファレト、ケテルという軸がぴったりとあわさることを意味する。

すると上位のものが、下のものを引き上げるという現象が生じる。アセンションしすぎてしまうと、聖書に書かれているように「神が取り上げた」ということになってしまい、マルクトを失ってしまう。

日本人にとって天皇はプレアデスの子孫で、そして日本人が本来のルーツと結びつくことは、プレアデスすなわちアマテラスと、肉体が同調することをあらわすとも言えるが、ヨーロッパもその語源はエウロペから取ったということでは、日本だけでなく、多くの種族がプレアデス直系なのかもしれない。

むしろ純地球人というのはプレアテス系であるということでもある。地球人の遺伝子は、プレアデス人から取られたもので、12本ある鎖のうち10本を切って地球人の遺伝子にしたという話がある。アフリカ、エジプトなどはシリウスの影響が強いということにもなるのだが。また黄色人種は、ケンタウルスの子孫という意見もある。

このフォトンベルトの話題が盛り上がっていた時期、2013年には、太陽系全体が銀河の中心に近づき、プレアデス進化系列からシリウス進化系列に移行するという話題があった。エデンの園を支配している神がプレアデスで、エデンの園にやってきてイヴに知恵の樹の実を食べさせた蛇がシリウスだ。

プレアデスは、今日の農耕文化、糖質食、住居の固定、常に働くこと、社会の集団化、思想の画一化、支配と被支配、ヒエラルキアなどを作り出してきた。またプレアデスは、人類を自分たちの分身、ありていに言うと、ロボットとして作り出してきた。されたことはしかえすという点で、人類はやがてはロボットやAIを作り、生活を自動化する。この傾向に対して、オリオンをあらわすスサノオは、それに怒って、アマテラスの畑を荒らした。

これまでの地球世界はプレアデスの性格がベースにある。シリウスは自由と突破というような性質で、秩序正しい政治管理の世界にはならない。

確かにアフリカの部族はばらばらだった。もう少し範囲の広い話で言えば、オリオン、プレアデス、シリウス系は密接な協力関係があるので、これはわたしたちの今の世界を作り出した基礎でもある。太陽神信仰はプレアデス思想を拡張したものだが、これをベースにして、オリオンの創造力が発揮された。オリオン、プレアデス、シリウスが基本ならば、ツクヨミをシリウスに当てはめてもいいのだが、ツクヨミはスサノオのことでもあるという説もある。

☆地球に生まれてくる宇宙人が増えている理由

エデンの園は実験場として作られたもので、地球はそもそも実験場として選ばれた惑星だ。矛盾しているのは、実験場としてある程度外から隔離するには、閉鎖するのが良い。閉鎖するためにはできるかぎり物質主義的に、つまり次元をもっと低くすると良い。そうすると、他のものと通じる要素が減少し、孤立するからだ。

これは個人の自由意思を発揮するには都合がよかったが、末期症状に至ると、人どうしも意思疎通できなくなり、争いの場となり、最終的に1940年代には原子爆弾まで使ってしまったという結果になった。これは宇宙的な危機をもたらすことを予見させた。地球が破壊されると、それは全宇宙に波及するからだ。

ドロレス・キャノンによると、宇宙人たちは、外から地球には干渉できないというルールを持っている。そこで、内部から影響を与えるのはどうかということで、地球に産まれてくる宇宙人が多くなったのだと言う。その人数は原爆投下以後急速に増加した。地球に産まれてくると、記憶は断絶するので、そのためのサポート人員と、ウエイクアップ・プログラムが必要だ。

地球の閉鎖というのは、生命の樹で言えば、マルクトとイエソドの間に断絶ができたということでもあり、中央の柱の軸のずれが起きているということだ。孤立した実験場を作るという目的では、地球はもっとも適した場所であるので、人為的に閉鎖しなくても、自然的に孤立するようにできている。

最初からの自然条件として孤立しやすい場所なのだから、もっと解放された、そして源流に共鳴するような生き方にシフトしたい場合には、地球環境からある程度独立、遊離する努力が必要だ。

地球に生まれてくるというのは、思考体と感情体が、より重い物質をぶら下げて、個体としての身体を作り出すことで、この重い成分をぶら下げることで、記憶にも断絶が起こったり、そもそも頭がうまく働かないとか、いろいろなことが理解できなくなるという傾向を作り出す。さらに一度も地球に生まれたことのない人が、地球に生まれてくれば、予想もしない問題が無数に生じるのは当たり前なので、事前の準備やプログラムがあまり役に立たなかったということはあるだろう。

死後、マルクトからエーテル界のイエソドに向かう時には、境界の小守護霊としてのみなじゅうじ、移動する船としてのカノープスに向かい、そこからこのプレアデスのアルシオンに向かうコースを行き来すれば、曲がった軸は修正される。本書で提示するような宇宙旅行そのものが、ウエイクアップ・プログラムとして機能する性質がある。

まっすぐ立つ柱、ティファレトとイエソドの間にあるねじまがりは、イエソドとマルクトの間ほど極端ではない。ティファレトから上のケテルとの間には、深刻な断層がある。これらについて調査するには、中央の柱のパスをしつこく行き来すると、だんだんと明確になってくる。

モンロー研究所のヘミシンクのプログラムでは、フォーカス番号が多くなるほど、だんだんと次元が上がるのだが、何度も行き来すると、自分のパターンがわりによくわかってくる。決まった番号のところで、決まったトラブルが起きるのだ。中央の柱に、腰椎・胸椎番号のように、フォーカス番号を割り当てて、このマルクトからケテルまでのルートを巡回すればいいのではあるまいか。

ある人が、自分の夫が死んだ後、ヘミシンクで調査したら、やはりある信念体系の場所でひっかかっていたのを発見したという。ひっかかっている人には時間が存在しないので、ひっかかっていたことを自覚しない。わたしの父親の場合には、死後、すぐにわたしのところにやってきて、自分は次にどこに行きたいのかまったくわからない。わたしに決めてほしいなどと言っていたが、それでも地球時間で半年程度で、だんだんと方針は決まった。もう一度惑星輪廻に入るということだった。明確な地図があれば、近親者の死に際しても、その先について、少しばかりアドバイスもできる。

ティファレト。センターとしてのアンタレス

本書では、恒星を生命の樹の中枢セフィラではなく、パスに対応させた。本来はパスとは、セフィラとセフィラを繋ぐ。恒星はひとつの結晶のようなもので、あきらかにパスでなく、セフィラに対応するが、あえて本書では恒星をパスに対応させた。その理由は恒星にはそれぞれ意味が成立しているという観点からだ。

意味というのは関係性の中でのみ成立する。3つのものがあると、それぞれは他のふたつとの相対的な関係性によって意味が成り立つ。単独で存在するものには本来意味というものはない。本書では恒星をいくつか関連づけて、そこに特性があると考えたのだ。

☆アンタレスは魂のホーム

生命の樹の中心とはティファレトだ。これは注意力の集合点で、マルクトを除くすべてのセフィラが、ここに繋がっている。センターとしてのティファレトは、アンタレスがもっともふさわしい。ティファレトには、8つのパスがあるが、アンタレスは、天の八衢（やちまた）でもある。アンタレスは交差点で、そこからあらゆる宇宙に道が通じている。ティファレトは心

臓であり、そこから自我の乗り物である血液が、身体内のあらゆる方向に向かっていく。アンタレスは、越境する性質を持ち、日本では猿田彦、西欧ではメルクリウスが対応し、異なる領域を旅しようとする商売の神でもある。メルクリウスと同義のヘルメスは、アトランティスとエジプト、エジプトとギリシャというように、異なる文明圏、時代を繋いだ。

わたしたちはこの宇宙ツアーをする時に、常にホームポジションとして、アンタレスに戻るのが良い。ここに戻りまた違う場所に行くということだ。地球は身体のホームポジションであり、魂のホームではない。

このティファレトの8個のパスは、生命の樹のマルクトを除くすべてに繋がっている。しかし、マルクトだけは孤立している。マルクトはイエソドと断絶しており、地球は宇宙と違う時計で動いている。宇宙的な魂に目覚めていくと、宇宙的な領域と仲良くなるが、地球では孤立する。地球的な生き方に馴染むと、宇宙的なことから孤立する。理想としては、宇宙的なものと仲良くなり、地球では、のらりくらりとごまかしながら生きていくことだ。地上的に見て正しいことは、宇宙的に間違っているという事例はたくさんある。

中心点は中空状態になる。8つの方向が均衡を取ることで、ゼロ地帯になる。これは胸の中心にできるが、同時に、頭の中心、松果腺にも、8方向のアームができる。というのも、エーテル体の胸は、肉体の頭、アストラル体の胸は、エーテル体の頭というふうに重なっているので、構造としては頭と胸は同じものが出来上がる。

最初松果腺を活発に使っていた人も、徐々に、その機能をアナハタに移行させるということが起こる。植物系の中心点としての心臓と、動物系の中心点としての頭は、互いに通信しあっているが、肉体の頂点にある頭は、エーテル体の胸と対応しているので、肉体的な働きがエーテル体に浸透していくにつれて、アナハタ＝ティファレトが中心になっていくのだ。頭の働きが胸に移行するというのは、つまり発達していく途上で起こることだが、そうするとさらにより高度な知覚が、頭に育成されていくという次の段階が始まる。

宇宙旅行をしても、いつも、このアンタレスに戻るということを繰り返そう。パソコンのキーボードのホームポジションのようなものだ。

☆明確なビジョンを見る方法

何か明確なヴィジョンを見るためには、エーテル体の膜をキャンバスにして、そこに映像を映し出すと、イメージで思い浮かべるということに比較して、はるかに生々しく肉眼で見ているような映像になる。

こうしたヴィジョンは、対立するエーテル物質が、つまりエーテル領域においての陰陽がぶつけられることで、そこに上位のアストラル成分が降りてくるという現象だ。下のプラスとマイナスを対消滅的にぶつけると、その上の次元のものが降りてくるというのが法則だ。

そしてこのような鮮明な映像を見ていると、常に松果腺が刺激されて、そこから光線が出ているような状態になる。エーテル物質の、上から降りてくるものと、下から上がるものが松果腺でぶつかり、するとそこで、前のスクリーンに映し出されるというような関係だ。

頭の真ん中に集合する8方向のアームは、この上と下、前と後ろという関係に、プラス斜めが加わることで、映像の写り方が圧縮されたり引き延ばされたり、またいろいろな角度のものを集めてくるということもできる。


前にも書いたように、想像するというのは、外部にあるものが侵入してくることをあらわしている。イメージで想像する場合には、それはとても軽いものだが、エーテル体のキャンバスで見る場合には、あきらかに侵入してきたということになる。それはまるで対象が自分に突き刺さってきたような感じでもある。この関心を向けると殴りかかってくるような光景は、四次元領域になると、何か方向感覚が逆転するような印象に見えてくる。バラを見ていると、バラのほうが主体になって、走ってくるような。

動物系の組織の中心は脳であり、植物系の組織の中心は心臓であると書いたが、松果腺のほうでは、映像を見ているという光景が多く、それが心臓に伝わると、内臓記憶的に、それを内側から実感するというものに変化する。もちろん、ここでは実際の内臓記憶ではなく、アストラル体においての、象徴的な内臓記憶のようなものとして受け取られる。そして心臓の位置は、外部的に見ているということでなく、その内部にいるということなのだから、宇宙旅行は想念によってなされるという場合、まずは松果腺の映像を見て、その後、映像で見た世界の内部にいて、内側からそれを感じているということにシフトする。

動物はそもそも首が伸びてきたのは、食べものに首を伸ばすため。魚は自分が移動できるので、首は伸びなかった。また植物は自分が移動できないので、自分を宇宙的な通路にして、エネルギーが自分の中を流れるように考えた。動物系の頭は、あちこち動く。そして、植物系の心臓は、動かず、自分の中にあらゆるものが集合してくると考えると良い。

この頭と胸の転換、変換、交流があると、まず映像を見て、次にその中に入るということがスムーズになされることになる。

☆アンタレスに自我の中心を置く

アカシックリーディングを教えているHさんという人が、松果腺の周囲のアームを育成する講習会などをしているが、習った人は、日常の生活がかなりぐらつくはずだ。というのも、わたしたちの安定した生活は、この地球上にずっといて、死ぬまで、どこにも行かないという前提で組み立てている。

ところが、本気で松果腺を貫くトンネルを開発すると、それはまずは映像を見ているという白日夢的な段階から、映像が刺さってくるというようなものに変化し、ここで、日常の生活に揺らぎが始まる。何か固まったものが溶かされて、自分の足場が撹拌されているような感じになってくる。そして、この頭の中心で構築されたものが、胸に移行しようとする段階になると、説明したように、見たものの中に乗り込むというようなリアリティ転換が「起きそうになっている」ことを実感するようになる。

しかしわたしたちは、まだ地球上から去ってどこかに行くということを予定はしていない。したがってこの足場のぐらつきは、妙な不安を与える。しかし、これを開発すれば、死ぬ時、その後、自由に動けるという話になる。それまでは、少しばかり薄い状態で、この見る、そこに存在するということを試みてみると良いのではないだろうか。見ている時にはまだ実感は十分ではない。しかし胸に移動した時には、十分に、内部から見ているということになる。宇宙的な意味で、体壁記憶が、内臓記憶に転換したのだ。

わたしがアンタレスに行った時には、血を要求された。血の中に自我がある。この自我の中心をアンタレスに置けと言われたのだ。血をそこに置くということは、内部に入って行くということでもあり、植物系の中心点として、自分はそこから世界を見るということになる。そこから宇宙のあちこちに、血が循環する。頭の松果腺機能との連携によって、この次元転換が起きやすいので、移動できるアンタレスという意義が高まる。

☆自分の足場はどこなのか?

ヘルメス著のエメラルド・タブレットでは、ヘルメスは宇宙旅行することにこだわり、異次元に旅することに執念を燃やしていた。この点では、わたしはヘルメス意識とは、天の交差点のアンタレス意識と一番縁が深いと考えている。しかも血を捧げてしまったので、わたしもそれを外部的に、傍観者的に見ることができなくなり、それを内部的なものとして実感的に受けとめるという姿勢になってしまった。

わたしたちは日常の生活では、何かを見ても、それは見ているだけで、何も変化などしないし、そこに吸い込まれることもない。自分はここにいる。そして対象は外にあり、その位置関係は決して変わらない。

禅の十牛図の第八図の段階では、主客が溶けてしまい、この自分はここにいる、何か見ているという関係性が崩れ始める。突破口としては、対象が、自分の殻を突き破って殴り込んでくるか、突き刺さってくるところから始まる。自分と対象の位置関係が狂い始めるのは、めまいを起こすような感じで、自分の足場はいったいどこなんだと感じるが、人間にとって足場はティファレトであり、けっしてマルクトではないのだから、いままでの足場感覚は間違っていると言えるのだ。

マルクトを足場と感じる人はもちろんどこにも行けない。想像はできる。ティファレトという天の交差点を中心にすれば、どこに移動しても、そこで破損は起きないと思われる。

というよりも、このアンタレスを中心点にする、ということは、植物系の心臓のようなものだから、自分がどこかに行くということより、どこにも血液が運ばれるが、自分はこの駅にいるということだ。見る、居るという交換作用は、想念の力を運航装置として使うということらしい。

ゲブラー＝ホド。12吊られた男

スアロキン…霊能者、占い師、分析者、探偵

☆天を根拠にするか、地を根拠にするか

ティファレトという中心の柱を通らないで、右から上に、左から上にというパスがある。生命の樹の図では左、背負った形で見ると右の柱は、12吊られた男のカードのパスだ。絵柄では、

男がさかさまに吊られていて、足を枝にひっかけている。地上の情報ではなく天空の情報を基礎にして考える姿勢だ。

実地調査とか、本などを読まず、中空の意識で知恵を得る。タロットの数字の順番としては、このような姿勢を確立するからこそ、こんどはもっと大胆になって13死神で、地上を粛清しにかかる。もう書いたように地上の知恵は、宇宙的なところから孤立しておりガラパゴス的に発展してきたので、天を根拠にすると、地は間違ったものになり、地を根拠にすると天は間違ったものとなる。

そこで吊られた男は、天を根拠にものを考え、それを元にして13死神では地を粛清するのだ。吊られた男が足をひっかけているのは、ヤコブの梯子と言われていて、地球に近いところでは、これに似たものとして惑星グリッドがある。これはアカシックデータが流れ込むネットワークのようなものでもあるとも考えられている。

惑星グリッドは、5つのプラトン立体であるが、全部あわせた図形は、UVG120として公表されており、これをもとにして、世界中のあちこちを旅するのも楽しい。しかし地面にぴったりと張り付いているのでなく、上空に張られた送電線のようなものでもある。

もうひとつの問題としては、公表されているUVG120は北極を頂点にしているということだ。北極は正確な頂点ではないと、わたしは考えている。そこでUVGと、現実の惑星グリッドにはずれがあると思う。

江ノ島で、空を見上げた時に、布が剥がれたような破れ目があり、緑色で黒の筋が走っていたが、これが昔から知られている江ノ島の龍だと思った。12吊られた男は、そこに足をひっかけてぶら下がっているのだ。

ホドは水星に対応し、知性を意味するので、ホドのパスとは、知恵を得る5つのルートと考えてもいいのだが、5つすべて活用している人はいない。

ゲブラーとのパスである吊られた男のパスは、何もないところから情報を得るというもので、これは必ず開発する必要がある。このパスが活発に使えている人は、何もないところに閉じ込められても、生産的なことができる。中世のバスチーユの牢獄は、金持ちの人々が、隠遁したい時に入ったという。今でいう政治家の入院だ。こうしたところで、豊かな生産活動ができるのが、吊られた男のパスだ。

一方で、19太陽のカードも、自分のエーテル体を通じて受信するので、やはり実際の検証とか本を読むなどの行為ではない、無意識からの情報を得るという方法になる。12吊られた男のパスは意思がそのまま言葉になるというようなものだ。

☆見えない領域を探索して情報を得る

このパスに対応するたくさんの恒星の中で、いるか座アルファ星のスアロキンは、馴染みやすいものではないかと思う。海の中を遊泳し、目的のものを見つけ出す。心理分析とか、サーチ能力、探偵なども関係する。

ゲブラーの受け皿は、知性を意味するホドなので、このパスは、知識や情報を得るということがメインテーマだ。しばしばスアロキンの影響を強く受けた人は、霊能者とかリーダーとか、占い師、分析者になるが、何もないように見えるところから、鋭い注意力によって、情報を引き出す能力に、多くの人が驚かされることだろう。

いるか座のスアロキンやロタネブ、γ星、δ星をあわせて「ヨブの棺」と呼ぶが、ヨブは高潔で、神から信頼されており、サタンはヨブの高潔さを疑い、ヨブを不幸にして試すことを神から許可される。サタンによる数々の不幸を受けても、ヨブはその高潔さを失わなかった。これは、地上の論理に従わず、上位のもの、つまり神を基準にする吊られた男のイメージに適合している。

スアロキンの情報は、見えない領域を探索して得るのだから、このパスを行き来することで、サーチ能力、中空から知恵を得る力が開発される。惑星グリッドの情報を受け取るには、ヘソの回路を活発化させると良い。物理的な臍の緒は生まれて間もなく切り離されるが、見えないエーテルの臍の緒はまだ母体的なものに結びついている。それは「天国との糸」とも言われる惑星のグリッドと繋がっていると思われる。

自分はそこに足場があると思い、そのグリッドのラインに、自分のヘソから出た紐をひっかけるとイメージして見てほしい。通常何かを調査する時に、具体的にエーテルの紐をターゲットに突き刺すのだが、惑星グリッドにひっかけることは、具体的な何かを調査しているわけではない、ということだ。

なお12吊られた男のカードの12という数字も、想像的生産性ということをあらわしており、外界の刺激がいっさいないところで、生産性が高い活動をする。アイソレーションタンクに入っても、ただ暗闇があるだけ、という人は、この12吊られた男の降ろす力というものが開発されていない可能性は高い。このパスが開発されると、無、沈黙を好むようになり、この中で豊かさが生まれる。

ケセド＝ネツアク。10運命の輪

ラス・アルゲティ…ナチュラル、自然児、豪快

☆無理なことを背負ってしまう〝ヘラクレス・コンプレックス〟

集団意識をあらわすケセドから、金星ネツァクにつなぐという左柱を降りるラインは、より大きな力が、個人に降りてくることをあらわしている。タロットカードの10運命の輪とは、その人の器にふさわしい世界に降りて行くことをあらわし、これは9隠者のカードの探求の末に行きつくものだ。

9隠者は自分の意図を持つがそのことは、さほど自覚に上がっていない。この意図に本能的に忠実に行動するがゆえに、さまざまな誘惑をすり抜けて旅をすることができる。

9という数字は旅をあらわし、10はその到達点をあらわす。10運命の輪は、複数の時間の輪があり、大きなものでは26000年で一回転する歳差運動もあれば、太陽系の惑星時間では、冥王星の265年、社会生活をあらわす土星の29年など。その人の生きる目的が、どのスパンの輪に合致しているのかを考えると良い。

社会的な評判とか売れるかどうかなどが、その人にとって最も大切な価値観ならば、木星の12年サイクルだ。9隠者は自分の意図に一番関係した陰陽（因果）の世界に捕まる。9隠者を処女性の男根という言い方をするのは、自分の目指すもの以外に関心が向かないからだ。

運命の輪はこのような複数の時間の輪を提示しているが、もちろん非時間という次元には関係していない。小さな時間、大きな時間というものを示しているだけだ。

この9の数字から10に至るプロセスは、タロットカードではうまく描かれているように見えるが、生命の樹のパスでは、ここは左の柱なので、過分な恩恵が降りてきているように見える。よけいなものなしに降下するのは中央の柱であり、左の柱はたいていの場合、過剰、豊穣、持てる能力よりも多くのものがもたらされやすい。たとえばケセドは惑星では木星、ネツァクは金星で、金星と木星のセットとは、贅沢さ、恩恵に甘えること、世知辛い現実を考慮しないこと、大袈裟、ルーズなどをあらわすことも多い。


ここにはヘラクレス座アルファ星のラス・アルゲティをあてはめてみたい。半神半人のヘラクレスは、神の部分がケセド。人の部分がネツァクと考えてもいい。

大きなものを背負う人。ここから、無理なことを背負ってしまうような心理を、ヘラクレス・コンプレックスということになったが、ケセドの力をネツァクが一身に背負うにはかなり無理な感じがある。過分な幸福ということもあれば、使いきれないくらいの金持ちということもある。わたしたちは静かなつつましい生活をしたいのならば、寂しく孤立し、援助してくる知り合いもおらず、余計なものを持たない12吊られた男、つまり左右反対にあるところを強調すればいい。

一方で、外に開かれた柱である左の柱を積極的に使うと、どうしても賑やかあるいは華やかな生き方になってしまう。

☆よけいなことを考えない素朴な性格

ラス・アルゲティは、巨人、あるいは自然児のような性質があって、ナチュラルな暮らしをする、あるいは豪快な生き方をするというイメージが強い。子供の頃には、マイティ・ハーキュリーというアニメを見ていたが、このハーキュリー、すなわち天から降りてきた巨人、ヘラクレスに一番ふさわしいのが、ラス・アルゲティだ。

10運命の輪は、9隠者の探索の結果なので、その人にとってふさわしい場を提供するが、社会の中では、多くの人が自分の本性にふさわしくない環境に行きたがる。それは妬み、とか他人をうらやむということからくることも多い。つまり自分の意図や目的を自覚しない人は、人が持っているものを自分もほしいと言う。こんなことをすると、その人の人生を曲げてしまうわけだし、結果的に苦痛なことも増えてくる。

でも、ラス・アルゲティは、よけいなことを考えない素朴な性格で、ケセドから照射される光線の中で、自分に降り注ぐ適切な人生と活躍の場を手に入れるには、ラス・アルゲティは効果的だ。

ほどほどさを持つ、正確な立ち位置は中央の柱。この「当社比」から考えての贅沢さとなると、給料10万円の平均値を持つ人が、15万円手に入れたら、それはもう贅沢ということになるだろう。中央の柱が平均値の立ち位置で、左の柱は中央の柱からそう遠くには離れないので、人と比較することはできない。豪邸に住んでいても、その人からすると、少しは我慢しているのかもしれない。

左の柱は、外に対して開いており、受容的であるから、この柱を強めると、社会的なチャンスなども増える。比較してみてほしいが、ティファルトという本人の中心的な存在性からネツァクにつながる場所は、13死神で、これは過剰に増えすぎた、外界との綱・紐・シルバーコードを切ることに関係し、それはティファレトという本性からすると、無駄なものに見えたからこそ、粛清した。霊的絆というのが、よけいに残っていると、その人の人生を邪魔するので、整理、粛清するのだ。

このネツァクに降りてくる過剰な恩恵をあらわすケセドとのパスは、必要最低限というようなものでなく、やはり大量に持ち物を増やすことに等しい。あるいはヘラクレスのように、過剰な負担ということだ。

生命の樹のパスは、すべてを均等に揃えることでバランスが取れるもので、人によって10運命の輪のパスが強く、13死神のパスが弱いというケースもある。それでもそれはその人のバランスである、ということもある。他人からはとやかく言えない。また12吊られた男を強めることで、10運命の輪は少し清楚になるが、これらのパスワークを、恒星旅行を通じて行う場合には、ひとつだけ行くと、そこだけ強まり、相対的にどこか違うところが弱まる。そこで、思い出すつど、あちこちを旅するのが良いのだが、最終的に、ここが完全バランスというものは見つかりにくい。どんなものでもそうだが、へたにいじると泥沼になるという点では、パスワークもパスワーク沼というものがある。

ティファレト＝ゲブラー。8正義
ズベン・エル・ゲヌビ…社会正義、裁判所、孤立を恐れない

中心点としてのアンタレスから、8つの通路が開いている。下に向かうものとして、オリオン三つ星のミンタカ、アルニラム、アルニタク。真下のイエソドに向かうアルシオン。ネツァクに向かうアクベンスについてはもう説明した。

アンタレスから上に向かう通路について考えよう。ティファレトから右に伸びて、ゲブラーに繋がるパスは8正義のカードに対応する。これについては、絵柄がそのまま当てはまる恒星

がある。てんびん座アルファ星ズベン・エル・ゲヌビは、アストレアが持っているてんびんをあらわす恒星だ。アストレアは8正義のカードのモデルでもある。裁判所に関係するところでは、この図形はよく出てくる。

　意識旅行をするには、地球からまずアンタレスに。次にズベン・エル・ゲヌビというコースをたどると良い。常に定位置はアンタレスだ。

☆自分の意思を明確にし、孤立を恐れない

　ズベン・エル・ゲヌビの影響が強い人は社会正義を貫くような仕事をすることが多いと言われている。アストレアは、人類が段階的に堕落することを嘆いて、地上から去ったということだが、ゲブラー火星は、意思を打ち出すことであり、それは反対側にあるパス、ティファレトとケセドのライン（9隠者）とは反対の性格があり、集団意識に自分を投げ出すケセド側と反対に、自分の意思を明確にすることで、孤立することを恐れないという性質だ。

　正義が正しいという主張は正当に見えるが、少なくとも地上においての正義とは、宇宙的な理とは異なり、集団社会において、人々が共存するための便宜的なルールだ。聖書では、この社会的、地上的正義にまったく合わないようなことを、しばしば神が決定する。不条理、不合理、理不尽なことをたくさんする。つまり神の決断というのは、地上的な共存原理には適合しないものがたくさんあるのだ。

宗教と政治を一緒に混ぜてはいけないというのは、政治は実際の場で妥協的な決定をするが、宗教においては、たとえば、霊性というものを重視すれば、政治的には有害と思われることをたくさん実行する結果になる。大本教の出口王仁三郎は、日本が戦争に負けるように画策した。それは日本の霊性には過剰なカルマが蓄積されていると判断したからだ。最終的に日本人がほとんど生き残らないようにするのが正しいと考えた。天に戻ったアストレアは、政治的な正義でなく、天の理つまり霊的に正しいことをするという性質だろうが、そうすると、地上的なところでの正義には適合しないところがたくさん出てくる。

しかしスベン・エル・ゲヌビは妥協の産物である地上の正義には与しない。地上的正義というのは、むしろ兄弟星のズベン・エシャマリのほうが近くなるだろう。ここには妥協とか、意見の調整とか、日和見的な要素があるからだ。

正義という定義は、土地柄で違い、しばしば主観的で、なおかつ時代によって変化するもので、そこに恒久的法則性が宿っているわけではない。地球上においての正義というのは、二極化された価値観の中で決められるので、必ず闇を作り出し、矛盾したものを多く含むようになる。これは正義を行えば行うほど人が死んでいくということもあるかもしれないし、たとえば第二次大戦後の日本で、闇米とか闇食料を手に入れなかった役人は餓死した。

ゲブラーは、ケセドとは反対に、全体性に溶けこむことなく、単独で飛び出していくものをあらわしている。それは時には争いを作り出すこともある。すべての人が共存して平和になるという目的において、この8正義のカードはしばしば和を乱すこともある。

☆何が正しいか、疑問を持った時に訪れよう

8正義のカードの絵柄では、片手でてんびんを持ち、片手で剣を持っている。てんびんは、ふたつの重さを比較しているが、どちらかを選ぶという意味ではない。むしろ、ふたつの重さが均衡を取るような位置を探し、そこに支点を置く。相対的な中間点は、たとえば電圧の0ボルトと10ボルトなら5ボルトだが、1ボルトと5ボルトならば、真ん中は3ボルトというふうになる。ということは、二者択一でなく、むしろふたつの中間をとるということだ。この相対的な中点に、重心を置いて、その後剣で、決定したことを強く打ち出す。

正義というのは、このように比較の上で、相対的に変化していくものだ。地上的な正義という二極化されたところでの偏った価値観は、正義のカードで剣を持っているように、一度決めると、動かさないことも多く、実情を見るよりも、記憶した理屈を押し切ることも多い。まったく車がない場所で、信号が赤になった時、そのまま歩く人と、歩かない人がいるが、交通法規は円滑な交通を守るために作られたと書いてあるので、それならば、車がない場所で、赤信号で止まっているのは正しいことではない。

惑星上での生活は二極化され、一方的な時間の流れの中にあり、かならずカルマを作り出すものだが、恒星は、この二極化を超越したものである。したがって、ズベン・エル・ゲヌビの正しい過ごし方は、地上的正義に従属しているわけではないところを探し求めなくてはならない。つまりこのパスを示すスベン・エル・ゲヌビに行くことは、解を求めていくとか、模索するために行くということになる。何か疑問があり、何が正しいのだろうかと思った時に、この恒星に旅すると良いのではないか。

☆決断力、決定力を手に入れたい人におすすめ

地球から見た恒星の影響はしばしば邪悪なものに見える。それは地球の側がそのようなイメージを作り出してしまうのだが、恒星はその影の要素をそもそも持たない。この影を持たない領域を理解するには、人格の輪郭を失う変性意識体験を何度も繰り返す必要があるのだが、それでも頻繁に知性で判断してしまうという間違いを起こす。変性意識で体験したことも、日常意識できれいさっぱり忘れてしまうことが多いが、日常意識は情報を丸ごと受け止めるということができないのだ。

タロットカードのパスワークをするのならば、8正義のカードを思い浮かべ、ズベン・エル・ゲヌビに行きますという宣言をすると良い。もう書いたように、地上的正義は、ズベン・エル・ゲヌビの堕落した姿かもしれない。アストレアは地上から去った。アストレアを地上に呼び戻すと、地上では、この影の要素を見ることになるので、アストレアの邪悪な面を見るということになる。なんにしても剣を持っているのだから。

8正義のカードは、ほかの人がいかに反対しても、自分の決定を貫くという性質があるので、決断力、決定力を手に入れたい人も、このコースをしつこく体験すると良い。

ティファレト＝ケセド。9隠者
メンカル…集団意識、神話、すべてを肯定

☆22人の神が住むケセド

ケセドは集団意識だ。ダイアン・フォーチュンの説明によると、現代の神々が集まる場ということだ。これに比較して、洪水前の古き神々というのは、より上位のケテル、コクマー、ビナーの3つの領域に対応し、その下にあるケセドは、アビスの深淵のこちら側にある。そしてわたしたちの日常の世界は、この洪水後の神々の影響が混じり合う中で成り立っている。現代

の神々というのはギリシャ神話とか、古事記とか、書物などで流通している神話体系での神々ということを示している。

言葉は日本語ならば、50音近くあり、これらを組み合わせて、どんな意味あいの事柄も表現される。つまりこのケセドとは、50音が配列された場という意味で考えてみてもいい。そこからたくさんの言葉が作られていくので、人によってはこのケセドを図書館のようにみなす場合もある。

ヘブライ語は22文字あり、タロットカードはこの22個の単位をそのまま絵柄として翻訳したものだという説があり、生命の樹のパスは22あるので、これがいわば22の神を作り、ヘブライ的精神においては、ケセドには22人の神が住んでいるというようなイメージになる。ヘブライ語というよりは、そのルーツのフェニキア文字は、西欧の文字の源流であると考えられている。アルファベットも、フェニキア文字から派生した。

☆中途半端が原因で集団意識の犠牲になる人も…

ケセドに向かうティファレトは、9隠者のカードだが、個人としてのティファレトが、集団意識に飲み込まれると考えると良い。これは個我の思惑を捨てて、より大いなるものに自分を投げ出した状態をあらわしていて、頭で何も決めずに、さまよう。すると、その人にとってもっとも適した場が見つかる。9隠者の探索は、次のカードでは10となり、一番適した環境すなわち10運命の輪の中に入るということだ。

間違った輪の中に入らないようにするには何も考えずに投げ出すということが大切だ。このカードはより大きなものにサレンダーするということを示している。一方で反対側にある8正義は、けっしてサレンダーしない。

社会的に成功したい、社会の価値観に従属するという目的の人ならば、文句なしに土星の輪、つまり29年周期の車輪に同調することになるが、その人が霊的な目的を持っていたりする場合には、海王星や冥王星など、165年以上の周期の輪に同調することになる。冥王星の外にはさらにエリスなどがあるが、もっと外側にも惑星が見つかる可能性は高い。

このケセド、集団意識に深く関係している恒星とは、メンカルだ。くじら座アルファ星のメンカルは、集団意識に飲み込まれる、あるいは集団意識に働きかけるということをあらわす。集団意識によって犠牲にされる人もいる。犠牲になる理由は、個の意識にこだわりつつ、集団意識に溶け込もうとするという中途半端な状態で生じる。表向き個の意識にこだわり、深層ではより集団的なものに開こうとしている人は、文句なしに犠牲になるだろう。まるでその人の中途半端さを罰するかのような事件が起きる。

逆に能動的に、集団意識にオープンすると、こんどは集団意識に種を植えつける、結果的に多くの人に働きかけることができる人になる。

☆願望を実現する方法を無意識に手にする方法

願望実現をしたい時、アラヤ識に打ち込むということを教えていた人がいたが、たとえば、こういうことをしたいという願望を、集団意識、あるいは集団無意識としてのアラヤ識に打ち込む。すると、ここではほとんどの人が繋がっている領域なので、これこれこういうことをしたい、ということに対して、必ず反応する人が出てくる。もちろん無意識に反応するのだ。オークションで、これが欲しいというと、これを処分したかった人がピックアップされるということと似ている。

この伝達をしようとしても、個人が個人として閉じていると、アクセスできないのは当然だ。そしてシータ波の脳波になるとは個人の枠を捨てることを意味するので、シータ波で発信すると、反応は早い。この集団意識あるいは集団無意識への伝達は、メンカルに行き来することで、より素早くなるということだ。もしすぐに反応が来ないのならば、まだ十分にメンカルに開いていないということでもある。

先日、古くからの知り合いの人と、かなり久しぶりに話をしたが、相手が1メートル近くに座った時に、わたしはめまいを起こしそうになった。つまりその人の身体の周囲の磁場は強いので、そのエリアに触れると、一瞬自分がどこにいるのかわからなくなるくらいだった。そういうタイプの人は、多くの人に働きかける仕事の人が多いし、実際にこの知り合いは、もう100冊以上の本を出している人だ。

で、聞いてみると、やはり、やる気が出ると、誰にも言わないのに、急に人が集まってくるし、やる気を失うと、これも誰にも言わないのに、急に人が減っていくということを話していた。たくさんの人がテレパシーで繋がっているような。ケセドでは、すべての人か繋がっているので、そこに発信すれば、多くの人が反応するのは当たり前だ。広報する必要はない。

メンカルというのはアラビア語では鼻の孔をあらわすらしい（違う星の誤った名前がつけられたに過ぎないのだが）。人体で、外界に接触する部分はみな冥王星が対応すると言われている。鼻、口、生殖器、肛門。冥王星は外界との扉という意味なので、鼻の孔もまた扉だ。鼻から入る空気は、肺に送られるが、肺は外界に接触した臓器だ。それはかなりリスクを伴う。

ケセドは惑星では木星に対応し、ゲブラーは惑星では火星に対応する。臓器では、木星は肝臓で、火星は胆汁だ。胆汁は木星の中で作られ、そこから飛び出す。母艦から飛び出す戦闘機というものだが、ケセドは全体、ゲブラーはこの中のどれかの部分の強調ということを示している。

部分化をするということは、そのぶん、行動力、攻撃力は強まる。そして集団意識には飲み込まれない。8正義のカードは、この個人の決断力を強調するが、反対側にある9隠者、メンカルは、意思の決断はできなくなり、大きなものに飲み込まれ、個人を放棄するということで、どんなことにも決してノーとは言わなくなるし、すべてを肯定するという姿勢になっていく。

否定というのは限定で、肯定というのは限定しないということだ。テレビ番組で、知らない外国に行って、どんな人にもどんな時にも、イエスとしか言ってはいけないという番組があった。こうした実験も、この9隠者、メンカルなどを開発するには役立つだろう。

ティファレト＝ビナー。6恋人
スピカ…文化、芸術、農業、太古の時代

☆宇宙の子宮

ビナーは宇宙の子宮だ。グレートマザーのシンボルとみなすと、洞窟とか、器、祠なども対応イメージになる。子宮には複数の階層がある。世界卵と言ってもいいが、全太陽、太陽、全惑星、惑星、全月、月という複数のコスモス単位の卵があるということだ。ビナーというだけでは、これはどの宇宙を示しているのかわからない。どれを示すかわからないが、その特定の

宇宙に閉じ込めるという意味だ。この女性的なものを、グノーシス文献では、湿潤なるフュシスという言い方もしている。

地球は球体であるが、このイメージを反転させ、わたしたちはこの地球という球体の内側に住んでいるとみなしてもいい。母なる地球とよく言うが、わたしたちは母なる地球の子宮の中に住んでいて、死ぬまではここにいる。この地球の子宮から出ていくと、さらに大きな太陽系の子宮に移行するかもしれないし、また違う惑星の似たようなサイズの子宮に入るかもしれない。

この子宮はローカルな場なので、もちろんそこでしか通用しない特有の決まりごとはあるだろう。地球はカテゴリー1の惑星なので、これは最低の品質の子宮ということになる。そしてこの子宮の中から生まれた子はティファレトでもある。

わたしがスピカに行った時、それは巨大なお花畑のような星に見えた。実に巨大な花がある。口では言いあらわすことのできない色彩があり、おそらく考えうるかぎり、最も洗練された美的な領域でもあると思った。スピカはスパイクで、麦の穂をあらわすので、糖質とか、グルテンとか、現代ではなかなか嫌がられるものを連想するかもしれないが、文化、芸術を作り出すというような意味を持つ。もともとの語源は農業ということからきている。

☆ビナーからティファレトへのパスは、運命の門

タロットカードの6恋人のカードの絵柄では、天使が上空にいて、下には三人の人物がいる。真ん中の男性は、どちらかの女性を選ぶというもので、しかし天使は最初からどれを示すか決めている。男性に選ぶ権利はなく、この天使の矢というのが、ビナーからティファレトへのパスということにもなる。

これが運命の門と言われているのは、子宮は限定するということを示しており、この中で生まれた子供は、さらに、個性、人生、運命などが限定される。この子宮の中に住む人は、子宮の模型として、さらに子宮の中においての、その小さなコピーになるということでもある。最初は1魔術師として、外宇宙からやってきて、ビナーの卵の中に入った。その後、ティファレトとして生まれてくるのだ。

球体に閉じ込めるというのは、他の影響から守るということもあらわす。なので、このパスは母に守られた子供という印象にもなる。このパスと反対の意味を持つのは左側の対照位置にある4皇帝のカードのパスで、解放すること、特定の運命を無化するということでもあるが、この左右の差を中和する、あるいは均衡を取って、その人の正確な立ち位置をあらわすのは真ん中の柱のケテル、ティファレト間の2女教皇のパスだ。

この真ん中のパスを確立するには、左右のパスを交互に揺すぶるようにして、真ん中のパス

の位置を決める。揺すぶらないことには自動的に決まらない。右のパスは閉じ込め、左のパスは開放するという点では、閉めて緩めてを繰り返し、するとちょうどいい場所が決まるというような感じだ。右側は締め付け、左側は緩める性質だ。

☆アトランティス時代には、地球とスピカは接触していた

6恋人のカードの天使の矢は、特定の場に向けられた線、繋がりを指している。矢はa点からb点をつなぐ。時間の経過がある世界でならば、矢はあるところからあるところに飛ぶ。しかし時間がない世界を想像すると、それは矢が移動するということを想定しないので、a点とb点が線あるいは管で結ばれているということだ。

個人がティファレトを象徴するならば、この矢は、ビナーという特定の宇宙の球体と、個人が特別な縁で結ばれているということだ。スピカの人々はアトランティス時代には地球と接触していたという。しかしその後、このパイプは絶たれてしまった。わたしがスピカに向かう前に、自分にはその星Xとの通路がないと思っていた。

この時に複数の男性が溶けて、筒になり、この中をわたしは移動して、スピカに到着した。通路がない。しかし複数の人が溶けて通路になった。これは時間の経過の中で矢がまだ飛んできていない段階から、矢が通った段階を経過として体験したことだ。

複数の人が溶けたというのは、まだ個人が生まれてくる前の時代に通路があったということでもある。レムリア時代、あるいはアトランティスの初期の段階では、個人というのはまだちゃんとできていなかった。その時代の人間のスタイルを取り戻すなら、通路、筒は、ずっと失われておらず、そのまま存在し続けているということだ。わたしたちが個体化した時に、通路は見えなくなった。

時間の経過というのは、意識状態の変化という意味でもあり、その時代の意識状態を再現できれば、通路はそのまま存在するということになる。わたしはこの複数の男性が溶けて作られた筒の中を螺旋回転しながらスピカに向かったのだが、スピカは人間の形を持っている段階では行くことができないという意味でもあるだろう。スピカに長くいれば、人の形がだんだん別物に変化していく。たぶん植物的なものに。

スピカに到着した時、人間としての存在はとても恥ずかしいものだと思った。人間が持つ感情、癖、知性はひどく雑なもので、どんなものも汚染されている。土足で、綺麗な部屋に入ったような気分だったのだが、スピカ星人はまったくそれを気にしていなかった。

ヘルメスがエメラルド・タブレットで、ある星に行った時、あまりにも素晴らしくて、二度と地球には戻りたくなかったと書いているが、わたしの体験も似ている。というよりは、これは個体として体験できる内容ではなく、非個の体験なので、ヘルメスが体験したものと同じものだったかもしれない。そして誰でも、その体験をいつでもトレース可能だ。

その後スピカ星の代表者を背中に背負って地球に戻ったが、これもアマテラスを背負って降ろす場所を探し歩いたヤマトヒメの体験のコピーかもしれない。あるいは天孫族を伊勢に案内したのが猿田彦なので、この神話的出来事のコピー、あるいはトレースかもしれない。

もう何度も書いたが感情体、思考体は、個人として存在しているわけではない。個人として存在できるのは身体だけだ。そこで、感情体を使った宇宙体験は、過去も未来も自由に動き回る。過去や未来という違いを作り出すのは、身体のみだ。スピカに旅した体験は、太古の時代に遡行したことであると書いたが、神話空間を歩き回ることでもある。ただ、それをいつも内側で感じてしまうので、それらの体験は生々しく実感的に受け止められる。

恋人のカードと審判のカードの類似点

☆恒星には、呼ばれて行く

ところで生命の樹は、4つの階層をつなぐ配列を想定する。物質界、エーテル界、アストラル界、メンタル界という4つの階層にそれぞれの生命の樹があるという発想だ。その場合、上の樹のマルクトが、そのまま下の樹のケテルになるという考えと、もうひとつは、半ばで接続されているという発想がある。

わたしはいつも真ん中で繋ぐという考えを採用する。なぜならば、宇宙の物質は、結晶化する玉のようなものと、繋ぐための線のようなものが交互に連鎖するので、結晶化したものと結晶化したものの間に、つなぎ材としての生命の樹が関与するからだ。一番目の樹のケテルは、三番目の樹のマルクトに繋がる。二番目の樹木は、このつなぎとして使われており、ここではたとえば二番目の樹のティファレトは、一番目の樹のケテルであり、三番目の樹のマルクトだ。

そこで、ビナーとティファレトという右上から真ん中の下へという配置は、違う樹では、ホドからマルクトということにも対応する。単純に、右上にあるものが下の真ん中に繋がるというレイアウトで推理してみるのだ。これは20審判のカードの位置だ。ケテルがティファレトにシフトした図なので、たとえば、エーテル体の樹と物質体の樹との対応関係にあらわれるとみなす。

20審判のカードは、天使がラッパを吹き、すると、死者が墓の中から蘇る。マルセイユ判などで見るとわかるが、この20審判のカードと、6恋人のカードはとても似ていて、審判では天使がラッパを吹く。このラッパは6恋人のカードでは、天使の矢に変わる。そして下には三人の人がいる。ラッパは音信号で呼び出す。励起する。矢は指定したり、突いたり、刺したりする。いずれかでも、下にいる三人には、まったくのところ選択権もないことになる。

死者が蘇るのは、硬直したものが、やわらかくなり、生命が付与されることになるのだが、その意味では、6恋人のカードも、相手や相応しい場が出てくることで、生活や人生がうきうきと楽しくなるというような類似点もある。スピカに行くと、この人生そのものがばら色になるような、生命が活性化するような、何とも言えない感動や楽しさを味わうことが多い。

わたしはどこかの星に行く時に通路がないと思ったが、自分の通路を作ることのできる人はいない。そもそも自分がどこに行くのか、わかっていなかった。どこに行くのかわからないのに通路などできるわけがない。

もうひとつはより上位の宇宙に対して、わたしたちは常に受け身になる以外にない。これは意識の振動差の問題だ。わたしたちが何か考えるにしても、それは考えたのでなく、考えさせられたのだ。だから通路を作るにも、どこかに行くにも、呼ばれなくてはならないということなのだ。

実はわたしたちは自分の意思で恒星には行けない。恒星に呼ばれなくてはならない。どうしてもシリウスに行きたいと思ったら、それはシリウスに呼ばれたのかもしれない。呼ばれたにもかかわらず、行けないとしたら恥ずかしいことだ。しかし100パーセント行っている。行っていないと思ったのは、身体の情報にのみ目を向けており、感情体が受け取った情報については忘却してしまったということでしかない。日常意識においては、この感情体のもたらす情報は、たいてい隠蔽されてしまうので（なぜなら感情体とは、個人ではないからだ）、三年後のある日、唐突に思い出したりするということもある。

☆なぜ、複数の人が同じ体験をするのか

地球的習慣、カテゴリー1の惑星の習慣として、精神と物質が切り離されており、地球以外の知性は、精神と物質の対立はなく、振動密度の高い、低いということで識別する。つまり精神もまた振動は高いが物質のうちのひとつだ。結果として宇宙人コンタクトは、現実の体験なのか、ヴィジョンなのかわからない、むしろ混合したものになる。

歴史書はある時代から史実と神話を切り離したが、これはカテゴリー1の惑星でのみ成立する話だ。宇宙人コンタクトは、過去も未来もない、事実も神話も区別つかないところで生じる。しかも催眠術で記憶を掘り出すと、複数の人が同じ体験をしていたりする。

同じタイプの人は同じ体験をする。なぜならそれは同じ感情体の人、つまり同一人物だから。個人としてのプライドがある人は、同じ体験をしたという人がいると、それは自分のものであって、あなたのものではないと言うかもしれない。そのぶん身体に同一化しすぎているということであって、つまりはエゴが強い人ということになるのかもしれない。

ティファレト＝コクマー。4皇帝

アルデラミン…創造性、遊び、自由、防衛、紳士的

☆五角形は外に広がる本性を持つ

ケフェウス座のアルファ星、アルデラミンは、かつては北極星だった。未来には、西暦7500年くらいに北極星になると言われている。時間は円環構造であるが、わたしたちの今日の発想では、時間は直線的で二度と戻らない。

アルデラミンは、ギリシャ神話では、カシオペア王妃の夫であるケフェウス王の右肩をあらわす。ケフェウス王は、アンドロメダ姫の父親。

ケフェウスは五角形をした星の並びがあり、これは下に向かった五角形だ。ティサオ、アルバハット、エライ、アルフィルク、アルデラミンで構成されている。五角形とは、常に創造性、遊び、自由であること、楽しさなどを意味しており、また外界の影響から防衛するという意味がある。

わたしたちが自分の五角形を強めたい時は、このアルデラミンのパスを使うと良い。ただし、下に向かう五角形とは、しばしば昔から、悪魔の印と言われていた。というのも、これは頭、

両手、両足の五角形でなく、頭をはずして、両手、両足、性器という五角形になるからだ。右肩は意思表明、目標などをあらわしている。

アルデラミンは紳士的で、気高い王の性質をあらわすと言われており、この下に向かう五角形作用の影響がもっとも強いと思われるのはアルフィルク。アルデラミンはそれに関わりたがらない。五角形のそれぞれ5つの点は互いに反発することで互いを支える。だから五角形は外に広がろうとする本性を持つ。

☆北極星は時代を作る

時代によって北極星は交代する。現代の北極星はこぐま座のポラリスだが、今のわたしたちがこの北極星の特徴の中で生きているので、わたしたちにはポラリスの特徴がわからない。赤に染まった中で、赤を見つけ出すのは難しいという具合に、わたしたちはポラリスに貫通されているのだ。したがって宇宙旅行では、どうしても、ポラリス以外の北極星に興味がいってしまう。

どの北極星も共通点としては、それは地球視点からすると、サスハララ・チャクラあるいはケテルであり、指導的で、押しが強い。そして太陽から見ると、北極星はN66近辺にあるので、アジナチャクラ、あるいはビナー・コクマーの位置付けにある。それは夢見た世界、世界卵のひとつであることになる。太陽から見て、ビナーの卵の中に入ったものは地球視点からすると、頂点の支配原理であるという変換がされるのだ。

歳差活動で、2200年ごとに、時代の特徴が変わるが、この2200年の単位すべてに北極星があてはめられているわけではない。ただ北極星は時代を作るというふうに捉えてもいい面がある。エジプト時代の性質は、りゅう座のトゥバンが作り出していた。イルミナティは、現代の支配原理ポラリスを打倒して、トゥバンの支配の時代に戻すということを目論んでいたと言われている。

神話の一つでは、ケフェウス王は、ペルセウスがアンドロメダ姫を連れ去ろうとした時、アンドロメダ姫の求婚者であるアゲーノールと組んで、ペルセウスを殺そうとしたので、ゴルゴンの首によって石になったと言われている。

神話はさまざまな異説が出てくるので面白い。ケフェウス座と、ペルセウス座の関係などについても、星旅行をして、比較してみると良いと思う。さらにアンドロメダ座の関係についてもだ。アルデラミンは高潔で紳士的な王と言われているが、下向き五角ということも考えてみると、その通説とは違う性質がたくさん出てくる可能性もあるし。実際に何度か行って確認すると良い。何度も行くと、だいたい共通したものが見えてくるので、繰り返し体験が好ましい。

4皇帝のカードのパスは、解放の門、守護天使の門と言われている。6恋人のカードが、人を運命の中に閉じ込めるということに比較すると、その反対の意味を持つ。そして、このふたつの均衡は、その人のビナーとコクマーの力のバランスによる。ビナーが強すぎると、押しつぶされ、コクマーが強すぎると、ビナーは打ち破られる。

チャクラ対応では、ケセド、ゲブラーが喉のヴィシュダにあたり、このティファレトとコクマーのパスは、アナハタから、ヴィシュダを飛ばして、直接アジナ・チャクラに接続することを示している。

ティファレト＝ケテル。2女教皇
トゥバン…知恵の宝庫、図書館、宇宙の頂点

☆宇宙の頂点にある星

歳差活動で、地球はN66あたりにある恒星を巡回して、それぞれの時代に異なる北極星を持つのだが、しかし太陽の北にあたる黄道北極はりゅう座を指している。太陽北極は、地球との関係で決まるものなので、ここでは地球と太陽という関係性の上での話しだが。

地球から見た時代ごとに変わる北極星は、アジナ・チャクラの陰をあらわすビナーに対応し、

時代によって異なる世界を作り出してきたと説明してきたが、変わらない軸としてのりゅう座は、ドラコニアン族の故郷で、とくにアルファ星のトゥバンは、いわば宇宙の頂点にあるものとみなすことができる。

　ここからティファレトとしてのアンタレスに直下するのが、2女教皇のパスだ。女教皇は、手元に本を持っている。これはtora（トーラ）と書かれているが、そもそもりゅう座は財宝を守る龍と言われていて、強い執着心を示し、持っているものを手放さない。

　アカシックレコードを保管しているグレート・セントラル・サンはアルシオン、将来的にシリウスだと言われているが、実は本来の場所はトゥバンにある。アルシオンは、このパスからそのまま下に降りた場所だから、アカシックレコードの図書館だとすると、その支所のようなものだと考えると良い。トゥバンは知恵の宝庫とみなしても良い。女教皇はこの場所にいて、それが宇宙的な多くのデータの中心的なものと考えると良いだろう。

☆アトランティス時代の生き残りが作っている都市

　2女教皇の持つトーラは種の書物だ。うんと小さな範囲で考えてみると、記紀とか、モーゼ五書とか、先代旧事本紀とか、民族の根底のルーツなどを書いているものだ。自分のルーツは、この本の中の一行に記述してある。そして、他の民族との相対的な関係性によって、自分のルーツの意義とか、意味、目的などが明白になる。個人的には、りゅう座トゥバンで龍が守る財宝は、エジプトのアレキサンドリア図書館と何か共鳴しているように感じる。エジプト時代には、このトゥバンが北極星だったということもあるし。

この地下一帯に、アトランティス時代の生き残りが、都市を作っているという話があるが、もちろんここでもわたしたちが今住んでいる振動密度の世界ではないので、事実はどうなのかと詮索しても無意味だ。そこに同調できる人は、それを発見する。そして同調できない人は、それはただのうわさ話で根拠がないと言う。

プレアデス星団のひとつ、タイゲテの惑星エラから来たと言うセムジャーゼは、ピラミッドを守る人々を神殿ネズミと馬鹿にしているが、プレアデスは、アルシオンを別にして、人間型、あるいはいわゆるノルディック宇宙人の代表だと言われている。このノルディック型としては、ほかにアンドロメダ座の人々、連合などがいる。

このグループと、ドラコニアンやレプタリアンは対立していると言われている。対立は二種類だけでなく、ほかにも多数あると思われる。プレアデスの代表的なものがアルシオンだとすると、これはドラコニアンに近い。なので生命の樹の中央の柱、ケテルとティファレトの間のトゥバン、ティファレトとイエソドの間のアルシオン、イエソドとマルクトの間のみなみじゅうじ（アクルックスなど）は、ドラコニアンのホットラインだ。

龍に対して、否定的な感情を持たないのは、東洋人、中国とか、日本の特定の地域とかがあるが、西欧のほうでは龍に関しては、否定的に考える人々の比率は増える。したがって西欧人の宇宙人コンタクティは、その思想に染まった形で体験を曲げていくので、人間の感情を理解しない冷たいドラコニアン、レプタリアンが悪さしているというイメージを抱く。

☆死後、わたしたちは霊界で、図書館を自由に使える？

日本の天皇は、初代から三代までは人の形をしておらず、龍の形をしていたと、先代旧事本紀大成経に記述されているが、これだとノルディック型のプレアデス人ではなく、アルシオン系のプレアデスということになる。エデンの園で、イヴに知恵の実を食べさせようとした蛇はシリウスで、そこから大きくまとめてシリウスを蛇族と呼ぶ人々もいるが、蛇族と龍族はひとまとめにはできない。

琵琶湖の弁財天にちなんだ女体竹生島という能では、若い女性と老人が出てきて、老人は最後に龍に変身するが、この女神と龍という組み合わせは、オリオン三つ星とプレアデスのセットだ。しばしばプレアデス人は、オリオン人の手下として働くというイメージを持たれてきた。ギリシャ神話では内容が反対になっている。日本でならオリオンはスサノオであり、プレアデスはアマテラスで、アマテラスが主神だが、記紀で一番改ざんがひどいのはスサノオに関することだと言われている。

アマテラスとスサノオが、プレアデスとオリオンというセットなら、このふたつの共同関係というのは、きわめてスタンダードなものだと考えられる。トゥバンとアルシオンの深い関係もまた、この間を行き来することで、だんだんと明確な意味を掴むことができるだろう。ケテルから一気にイエソドまで通路を通すことができるかもしれない。

トゥバンに親しむと、大量にデータをダウンロードするような体験をする。朝目覚めると、アーカイブを手に入れたことに気がつき、それをゆっくりと解凍していくことで、多くの知識が手に入る。死後、わたしたちは霊界で、図書館を自由に使えるらしい。テーマを考えただけで、情報が頭に貫通してくるのだという。霊界で、というのは恒星の領域でということだ。

アレキサンドリア図書館が燃えても、それは物質的に燃えただけで、アカシックレコードとしてのデータは残っているので、精神状態をそのレベルに同調させれば読み込みできる。実際に、夢の中で、くっきりと文字を見たりする人たちはとても多いし、宇宙の図書館に行きたいのなら本館のトゥバンに行くのが理想的だ。トゥバンは国会図書館で、アルシオンは、広尾の図書館のような印象かもしれない。

ゲブラー＝ケセド。11力
アルゴル…欲望、生命力、メドゥーサ

生命の樹では、右のセフィラと左のセフィラを繋ぐ横のパスは、3つある。性質は似ているが、陰陽の柱を繋ぐので、陰陽の関わりというものに直結したパスだ。それは対立したものの直接的な関わりなので、行き過ぎたり、壊滅的だったり、傷つけるものであったり、生産的であったりするし、常に流動的と考えてもいい。中央の柱が存在の立ち位置、均衡点なのだから、この中央の柱がない左右の交流は、常に相対的で、基準がはっきりしない。ぐらつく横棒というイメージで考えてみると良い。

☆夢と現は地続きで、7段階ある

惑星ではケセドは木星で寛容であり、弛緩したもの。ゲブラーは火星で、集中したり緊張したりする。つまり緊張と弛緩を行き来するようなパスであると考えてもいいだろう。

善悪に関係すると考えてもいい。ケセドは善、ゲブラーは悪と考えることができる。そしてこのパスは、この善悪価値観が変化していくと考えると良い。ゲブラーは欲望に関わり、この

欲望は、集団的な価値観から発生する。個人の欲望は社会が植え付けるもので、社会が植え付けなければ、根源的な生存の欲求以外の欲求というものはあまり生まれてこない。そしてこの欲望が限度を超えてしまえば悪になるだろう。

11カのカードは、ライオンを触っている人物が描かれているが、これは人間の理性的なものが、動物的なものを抑えるという解釈をする人がいて、これはカード解釈においてはなかなか軽薄な見解だ。脳で言えば、新皮質が人で、旧皮質が動物とりわけ哺乳動物に対応すると言われている。旧皮質をラブラドール脳と言う人もいる。この動物的要素は、御すべき本能的な要素だけとは限らないし、いわゆる愛情というものは、新皮質でなく、旧皮質のほうが発揮するものだ。愛情は動物が持つ本能的なものだ。

個人的な話だが、ずっと昔ある朝目覚めると、自分よりも身長の高いキツネ、というよりも人とキツネのハイブリッドのような生き物が、わたしの身体に張り付いていた。ところどころ人間の皮膚、ところどころ狐の毛。そして動物の毛の焦げ臭い匂いがしていた。わたしはこれを金毛九尾のキツネであると思ったが、獰猛でも暴力的でもなく、しかし張り付いていたのは、なついているという印象だった。

こうした体験はおびただしくあるが、いつも謎に感じる。夢とかヴィジョンでもなく、また身体感覚で受け止める物質的体験でもなく、その中間にある。物質的体験をマルクトとみなし、エーテル体の体験をイエソドとみなした時、マルクトとイエソドの間には、7つの段階があり、マルクトに近づくにつれて、物質的体験になる。

宇宙人の乗る円盤は、このどの階層にも同調可能なのだという。コンタクトする人は、自分が少し階段を上がったのか、それとも円盤が降りてきたのか。おそらく両方だろう。より物質的体験になると、わたしはマニラで、自殺者からベッドを思い切り揺すぶられたこともあり、夢と現という二分法でなく、夢と現は地続きで、7段階あると考えたほうが早い。

☆生命力が高まり、生きることに積極的になれる

金毛九尾のキツネに対応する恒星はアルゴルで、11力のカードでは、人と動物が向き合っているが、わたしが朝目覚めた時の配置は、正面で向き合っていたわけではない。むしろ背中に張り付いていたというほうが正しい。

西欧ではこのアルゴルは邪悪なものの代表とみなされている。ペルセウス座の、ペルセウスが持つメドゥーサの首にあたるということも関係する。このペルセウス座のベータ星は階層型三重連星だ。基本的には、女性のクンダリニ、シャクティなどに関係するもので、キリスト教の世界観からするとリリスなどとともに、女性が主導権を握る性質であるからこそ忌み嫌われてきた。つまり男性主導社会においては、相対的に邪悪に見えるというものである。

11力のカードは、人が動物をコントロールしているのか、それとも可愛がっているのか、交流しているのか、動物が人を動かしているのか、扱う人によって解釈が変わる。それこそゲブラーとケセドの相対的な横のパスなのだから。しかし動物と人が一体化するケンタウルス、シリウスなどでは、この人と動物を上下に置くことはないし、一体化してしまうことになる。

アルゴルは、黄経では、アルシオンに比較的近いので、アルゴルとアルシオンの混同をしやすいように思う。それにアルシオンも、少しアルゴルの性質に似た面がある。

アルゴルに行き来すると、生命力が高まり、欲張りになり、生きることに積極的になれるだろう。

☆二極化された役割は常に交代する

ただゲブラーもケセドも、咽喉のヴィシュダチャクラに対応しているので、ここでクンダリニだとかシャクティだと言っても、むしろ思想的な傾向のものであると考えなくてはならない。金毛九尾の狐は、仏法を壊滅させるために、中国、日本へとやってきた。アルゴルが単に欲に走るという性質ならば、この仏法の壊滅などという大それた思想的な活動はしないし、影響を与えることもできない。

欲とは個人的なもの、あるいは個人性を守るものであるということからすると、他に影響を与えるほどの広範な活動をするよりは、ひとりひっそりと活動をしていたほうが目的を果たしやすい。

赤坂豊川稲荷には、狐の上に乗った女性が描かれている。これも11力のカードのバリエーションだが、狐の上に乗っているのは、ダキニ真天という女性だ。狐が運んでいるのか、それとも狐を抑え込んでいるのか、図柄だけだとさまざまな解釈ができる。そしてどのように解釈しても、四次元以上の領域では、この意味がいくらでも反転する。二極化された役割は常に交代するのだ。エニアグラムの図形では、１４７グループは、いつのまにか２５８グループに入れ替わる。六角形の図形の三角と三角が入れ替わってしまうのだ。

三次元世界においては、ある程度意味は継続するが、これは時間は一方方向にのみ進むということからきている。三次元という言葉は、空間の中で自由だということでもあるのだが、ここに時間を加えると四次元になり、そして時間が加わるというのは、時間を自由に扱えるという意味になるのだ。時間の変化の中では意味も意義も空間の形も変わって行く。なので、時間が自由に扱える人は、三次元的な決まった意味に安住してはいない。

横棒のパスは、生命の樹では、３つ。ビナーとコクマーの間の3女帝。ゲブラーとケセドの間の11力。ホドとネツァクの間の16塔。ここでは、陰陽関係の固定性が打ち破られやすいので、主客の逆転、する側とされる側の移動が一番起きやすい。

生命の樹の右の柱と左の柱は、平田篤胤式の発想ならば、凪、つまり粒子として、イザナギは、粒子世界すなわち空間的なものをあらわし、波、つまり波動として、イザナミは時間的なものを示す。ということは、横棒のパスは、時間と空間の干渉、粒子と波動の干渉をあらわし、意味がまさに流動してしまう。

☆メデューサは、大地母神？

アルゴルは、メデューサの首をあらわしている。ギリシャ神話以前には、このメデューサは、大地母神でもあり、邪悪な存在と見られたことはなかった。ペルセウスによって切り落とされたメドゥーサの首から滴り落ちた血は、右側の血管から出たものは死者を蘇生させ、左側の血管から出たものは人を殺すと言われた。

またメデューサを見たものは石に変わるとも言われている。石とは鉱物をあらわし、これは振動密度が低く、物質密度が高いもので、変化しないからこそ、人体においては、体の形を維持するために活用される。つまり身体の形が変わらない人というのは、薄く石をまとっているというふうに考えてもいいのではあるまいか。もちろん石の比率が高まるにつれて、動きはもっと遅くなる。

浄瑠璃殺生石では、妖狐の玉藻前は、石に閉じ込められる。石は物質密度が高くなったことをあらわすので、これは欲望の果てに行き着くものだ。生命の樹では、右の柱は下に向かい、左の柱は上に向かう。そこで、ケセドという広い範囲にあるものが、ゲブラーという狭い範囲に閉じ込められることが反復されれば、人は次第に石に近づくだろう。

11力のカードの人はケセド、動物はゲブラーと考えた時、このゲブラーがケセドを飲み込むようになれば、右の柱はどんどん下に向かう。

ビナー＝ゲブラー。7戦車
ドゥーベ…芸能、集中、修行、魔物

右の柱の頂点にあるものはビナーだ。ここから右の柱をそのまま崖から落ちるように降りていくラインは、ビナーとゲブラーのパスだ。ビナーの母の子宮は、アジナ・チャクラの陰の部分でもあり、しはしば熊女、大熊座にも対応すると思われるが、こぐま座と大熊座の、ポラリスと北斗七星はセットとして考えられている。秦河勝は北極星であるとみなされていた時、北斗七星は猿楽の集団を意味していた。これはデュオニュソスとマイナス教団にも対応していた。

北斗七星はどの地域でも古い時代から馴染まれている。この中でアルファ星ドゥーベは唐の「仏説北斗七星延命経」では、貪狼と名づけられている。芸能に関係していると言われている。

そこから指令されてゲブラーに流れる力は、タロットカードでは7戦車だ。ゲブラーは火星に対応するので、当然戦闘的なものを連想したくなるが、わたしはこのドゥーベに行くたびに、直接頭ごなしに、何かメッセージなり指令などを受け取る。ずいぶんと一方的だと思ったことが多い。いわば強すぎる母親というようなイメージのものでもある。

ドラコニアンに占有された星はたくさんあるが、このドゥーベ、アルシオン、カペラなどは代表的なものだ。北斗七星は北極星を守っている、大熊は檀君の母であるということより、むしろ北斗七星はトゥバンに従属していると考えたほうが自然だ。

☆狭められた通路を、勢いよく走る

7戦車のカードは、絵柄では天蓋があり、母に守られた中で戦闘的になるという、ちょっとマザコン的な意味が含まれている。惑星では、ビナーは古典的には土星。ゲブラーは火星で、土星と火星のセットは、エネルギーが散らないように、狭めた通路の中で勢いよく走るというような性質であり、集中力は極端に高まる。戦車が勢い良くなるためには、囲いを作って、行動範囲を狭めなくてはならないのだ。反対の左の柱のケセドは、集中しないで、むしろ弛緩の極に行くので、ここでは行動性、攻撃性はまったく発揮できなくなる。

ドゥーベのパスは、崖からまっすぐ落ちるように働くし、ビナーは囲いを作るので、わたし

はいつもこのドゥーベを思い浮かべるたびに、ブルーモスクの内側から見た光景、あの鮮やかなブルーを思い出す。

富士講の開祖、藤原角行は、8歳の頃に、北斗星から指示を受けて、修行を始めたと言われているが、指示を与える北斗星とは、ドゥーベが一番近いのではあるまいか。そして藤原角行の修行も、9隠者のケセド的なものとはまったく違い、厳しい制限をつけた修行だ。事実角行という名前も、富士山の近くの人穴で、角材の上に親指で立って修行したということからつけられた名前だ。人穴は洞窟で、それはビナーがあらわす子宮を連想させる。7戦車のカードの天蓋でもある。

もちろんこのパスが開通すれば、そのまま、12吊られた男があらわすゲブラー、ホドにまで、やはり崖から落ちるように力が降りていく。ホドは具体的な知識なので、このビナーから降りてきたものは、そのまま具体的に言葉として、大脳皮質にまで上がってくる。ビナーの穴の中で集中。そして、12吊られた男のパスで、夢の中で、役の行者から指示を受けていたということでは、藤原角行は、右の柱をまっすぐに降りていた修行をしていたことになる。

こうした集中的な作業を続けている場合、生命の樹は、それ全体としてバランスを取ろうとするので、反対側の左の柱の作用をぶつけてくるようになるのではあるまいか。左は外に開かれ、右側は集中し、そして中央の柱は、その人の立ち位置の本来性を取り戻させる。しかし中央の柱だけでは、応用的な幅がなくなるので、右へ左へと拡大しながら、その人は休みなく中央の柱の立ち位置の確認をする。

☆さまざまな魔物がやってきて、誘惑する

右をやりすぎると、左がやってくる。という一例としては、集中的なことをしている時に、魔が差すということだろう。たとえば「何かが取り憑いてきた」という体験をした人はいるだろうか。取り憑かれたというのは、その人の本来の性質とは違うものがくっついてきて、結果として、その人の中央の柱がずれる。柱がずれてしまえば、その後の人生が脱線し始めるというものだ。外からやってきた影響は、左の柱で受け取られる。右は決して外部的なものを受けつけない。

でも取り憑かれた人は、それを自覚すれば、もう取り憑かれていないことになるし、実際に取り憑かれている場合には、本人だけは自覚していない。魔物はすべてアストラル的か、エーテル的なもので、ある意味で人は休みなく取り憑かれている。つまり自分の本来性からはずれたものに影響を受けるということは、すべて取り憑かれたと解釈できる。

この場合、それを取り憑かれていると判断する人の評価はどこからきているのかということだ。判断する人は、おそらく自分の価値観とか自分の立ち位置から相対的に見ている。しかし人の立ち位置というのは常にほかの人からすると、違う場所にあるので、他人はみな、どこか間違った場所にいると考える人さえ出てくるのだ。

外部的な影響を取り込んでも、それを吸収してしまい、しばらくして自分の立ち位置に戻れるのならば、取り憑かれているとは言わない。それは栄養分を食べてしまったと言う。わたしたちは妙なものを食べると、しばらくそれと戦い、消化する。無理なら吐き出す。

そこで、このビナー、ゲブラーの集中修行をしている人のところに、さまざまな魔物がやってきて誘惑をしても、9隠者（ティファレト、ケセドのパス）ならば、その誘惑に乗らずに旅を続けるが、ここでは、魔物をその都度吸収しながら続けるタイプも出てくる。

西欧魔術の修行ではイメージとして五角形を作って、それによって、魔物から自分を守るということをするが、防衛は必ず打ち破られるという鉄則もある。防衛膜を作ると、それは突破することに挑戦するという意欲を煽るからだ。なので、さまざまなものを引き寄せたいために、逆に五芒星で守る人さえ出てくる。

7戦車、12吊られた男という、ある種孤独な作業を続けていると、生命の樹のバランス作用が働き、休みなく外部的なものがやってくると思われるが、その都度、魔物を食べてしまう人は、この通路がどんどん図太くなっていくだろう。

取り憑いてきたものをその都度退治している人は、（取り憑くものは自覚されず、自己同一化してしまうので、まず退治するということも難しいが）パスが図太くはならないのかもしれない。

コクマー＝ケセド。5法王
アルフェッカ…他力本願、分不相応

☆イスラム教では、存在してはならない邪悪な存在

7戦車のカードとは左右対照の位置関係にあるパスが、コクマーとケセドだ。これは左の柱の直通で、左の柱とは外部に開かれたものを意味する。平田篤胤式には、左は「幽」の柱で、右は「顕」の柱。つまりは左とは、形と力という対比での力の側だ。

カスタネダの著作ドンファンの本でならば、左とはナワールであり、右はトナールだ。ビナーが子宮として固めていくのに比較して、陽の柱としてのコクマーは、外に拡大していく。そもそも陰陽の特質は、陰が収縮していくのに比較して、陽は外に爆発的に広がる。この陰陽の均衡を取っているのが原子で、電子雲は間合いを詰めようとするが、原子核としての陽の側は外に拡大しようとする。時々陽子が原子を破壊して、外に飛び出すこともある。

コクマーがビナーに働きかける時には、陽の因子は、陰の内側に回るという原則で、ビナー

の子宮の中に入っていく。コクマーの陽の力が強すぎると、ビナーの卵は破裂する。この破裂光景は、下のセフィロトのパスであるネツァク、ホドでは16塔として描かれている。右の柱と左の柱を繋ぐ3つの横のパスはみな似た性質があるので、不安定で、内が破ったり、反対に外が締め付けすぎたりもする。

コクマーもケセドも拡大原理に従うので、これは7戦車のパスの集中性に比較すると、ちりぢりばらばらになるような気もするが、生命の樹の中のひとつのパスとして、他のパスと調和的な関係の中で組み込まれているので、それなりに行き過ぎにはならない。これら複数のパスのすべての均衡を取っているのは、もちろんティファレトだ。なのでティファレトを注意力の集合点と呼ぶ。ティファレトは胸の中心にあるもので、生命の樹の均衡が崩れてくると、胸騒ぎのようなものとして伝わる。

コクマーは惑星では海王星。ケセドは木星で、海王星と木星のセットは、ともに個人性を持たないので、公共的な福祉とか、祝福というような意味に使われるし、カードでは、5法王になる。神の仲介者という役割なので、イスラム教では、むしろ邪悪な存在とみなされる。なぜならば、イスラム教では、神との仲介者は存在してはならないからだ。人は直接神と対峙しなくてはならない。

☆器にふさわしくない立場が手に入る

ここはかんむり座のアルファ星、アルフェッカを配置しようと思う。もちろん、これ以外にも該当する恒星はたくさんあると思われる。恒星は「星の数ほどある」のだ。

藤原角行の厳しい修行は、右の柱らしいと書いたが、それに比較すれば、左の柱は意志の集中をしないで、むしろ弛緩することで力が降りてくるので努力しない、他力本願的な姿勢と言える。そしてアルフェッカも努力しない。しばしば器にふさわしくない立場が手に入ると言われている。

そしてふさわしくない立場を手に入れると、何らかの形で支払いをしなくてはならないとも言われている。実力不相応の立場を手に入れてしまうと、その立場を維持するために、かなり苦しいことになるだろうことは容易に想像できる。分不相応のものを受け取ったにしても、ここでは利益を他の人に分けていく性質が強いので、独占したりはしないし、左の柱は独占という意味はほとんど持たない。コクマー、ケセドは、緩みきったパスでもあり、抜け目ない性格とはとうてい言えない、

パスワークで、5法王のカードを図書館に縁があると見る人もいる。これはケセドがそのような性格を持っているからだと思われる。それはすべてのものを集めた場所なので、ケセド単

独では、わたしはしばしばビンデミアトリックスにもあてはめる。このケセドが現在の神の場所だとすると、アビスの深淵の向こうにあるコクマーは、もっと未知のものをケセドに持ち込む。なので、既知の資料を蓄積した図書館という性質は、このパスにはあてはまらない。ケセドが現在の神。コクマーが洪水以前の古い神とみなすと、現在の神の場に、洪水以前の神が混じってくることでもある。

コクマー＝ビナー。3女帝
デネブ…学校、攻撃的、強い防衛力、福祉
フォーマルハウト…楽園、天国、不思議な国、妖精

☆陰の原理は収縮、陽の原理は拡大

ビナーは陰の原理。コクマーは陽の原理。ビナーの器、子宮の中にコクマーの陽の力が入り込む。つねに陰の原理は外周にあり、周縁的で、中心に向かって収縮しようとする。なので、陰の原理だけだと、最終的に点になり、消失する。陽の原理は中心にある。それは外に拡大しようとする。陽の原理だけだと、広がり続けて、最後は何もなくなる。

しかし陰陽というのはひとつのものがふたつに分かれたものなので、そもそも単独で陰や陽

が存在しているわけではない。生命の樹では、ケテルという中和原理が、コクマーとビナーという陰陽原理に分岐した。このケテル、コクマー、ビナーは造化三神と結びつけられやすい。最初は一人神から始まった。

コクマーとビナーという陰陽の結合をあらわすパスは、妊娠などに結びつきやすい。子宮の中に種が入って膨らんで行く。3女帝のカードは、2女教皇が厳重な衣服に包まれているのに比較すると、ラフな格好で、また自然界の豊穣を象徴するかのような光景が背後に描かれている。3の数字をあらわす三角形は、創造、生産、運動原理でもある。

同じ横のパスである16塔では、内側から拡大する陽原理が、陰原理としての建物の壁を壊してしまう。とはいえ絵柄では、建物を壊す力は雷として外からやってきているように描かれる。ネツァクが外界に対する期待感をあらわすセフィラだからだ。もうひとつの横のパスであるケセド、ゲブラーは、心理的な面での善悪の対比のようでもある。善悪の評価とは相対的なもので、それは時代によって変化し、また場所によっても違う。

またビナーの子宮の中に、コクマーという陽原理は入るのだが、ゲブラーとケセドの関係では、ケセドは大きな輪、全体性を示し、ゲブラーはこの中の一部を強調するという形になる。したがって、ビナーが袋、この中の点がコクマーで、ビナーのサイズを拡大させようとするのに比較すれば、ケセドという大きな輪の中にあるゲブラーは、ケセドに包まれながら、全体の中での自分の位置づけを発見することができる。

そして自分の位置づけを見つけ出すというのは、目的、役割、自分がしていいこと、などを見つけ出すということでもある。限定されたものは、全体の中での自分の位置づけがはっきりすると、自信も勇気も出る。ゲブラーが自分の存在を容認するには、ケセドの力づけが必要なのだ。

☆キーワードは、〝育てる〟

デネブは、囲いを作り、この中で保護したものを育てるという性質があり、日本ではアメノオハバリと呼ばれている。流れをせき止め、そこで力を蓄積する。たとえば子供を育てるとか、学校をするとか、安心できる場を作るのだ。そして外敵に対しては攻撃的であり、強い防衛力を持つ。

たいていデネブに行くと、この囲い込んだ場というものを見ることが多く、そして黄経においてはすぐ隣にあるフォーマルハウトと混同しやすい。フォーマルハウトは、しばしばわたしはネバーランドにたとえるが、それは楽園、天国、不思議な国、子供の王国、妖精の住んでいる場所だ。育てるという傾向は共通している。

そもそも3女帝のカードは生み出す作用がメインで、その後の事案である育てる性質はないとも考えられるが、絵柄あるいは図形的なものとしては、陽のタネが、陰の器の中に入り、そこで膨らんでいくわけで、この小さな種子がだんだんと膨らむということは、腹の中では育てているということにもなる。

腹から出た後に育てるのは3女帝の役割ではない。育てるというのは、内側から膨らむことと、もうひとつは型にはめるということもあり、型にはめるのには3の後の4の数字のあらわす事柄だ。4の数字は型にはめた後で、その型のまま、拡大する。縦線と横線の組み合わされた網目を想像すると良い。ひとつの区画は4角形だが、同じサイズのものが、次々とコピーされ、拡大していく。育つというのは、この同じ型をコピーすると同時に拡大するという両方を含むようだ。

フォーマルハウトやデネブが、ある種の囲いを作って、この中で育てるという場合に、この囲いを作るというのも、育てるという語句の意味の中にあらかじめから含まれているのだと思われる。

はくちょう座の星は、十字の形に並んでおり、しばしば北十字星（ノーザンクロス）と呼ばれている。これは南十字星と対比した関係とも言われている。みなみじゅうじを、地上から上昇する時に、最初に出会う4つの力の均衡をあらわす境域の小守護霊と結びつけた。となると、この北十字は、天のすなわち精神性においての基本的な基準値というものを規定する。

他の領域には侵入しないということもある。そもそも囲いを作るというのは、自分の領土を守るというだけでなく、自分の側でも、外にはみ出すことができなくなる。ほかの恒星領域、星雲グループに干渉しないということをあらわす。

キリスト教ではキリストの磔の十字架と重ねる場合もある。西暦7800年頃には、デネヴが北極星になる。デネヴは宗教的要素もあると考えられ、またシャーマンにも関係すると言われている。フォーマルハウトも含めて、福祉とか教育などには貢献する性質だ。

天上の十字と似たものとして、天上の四角をあらわすペガスス座のベータ星シェアトもあるが、これも天上的な秩序の基準を示すにしても、育てるという意味はない。

ケテル＝ビナー。1魔術師
ベガ…脱落、堕落、転落

☆妊娠中の日食の時に魂はやってくる

ケテルはより上位の宇宙との接点、インターバルをあらわしている。生命の樹は基本的な宇宙法則をあらわしており、それは大なる宇宙にも小宇宙にもあてはめられるので、恒星天、太陽系、惑星、月、個人など、さまざまなサイズにあてはめて生命の樹を考えることができる。そのサイズによって、セフィラを惑星にしてみたり、恒星にしてみたり、人体の器官にしてみたりするということだ。7つの代表的な恒星は、太陽系の中では、7つの惑星にも対応させることができる。そして惑星は人体の臓器に対応する。

1魔術師のカードは子供が生まれるということをあらわしていて、外宇宙から、この宇宙の中の子宮であるビナーにやってきた。子供はコウノトリが運んでくるが、コウノトリはヘルメスの象徴で、ヘルメスは異なる宇宙から何かを運ぶという越境、商業的な意味を持つ神格だ。

魔術師は外から来たという点では、このパスは、マレビトを示していることにもなる。この地球世界の中で転生を繰り返すのならば、マレビト的な要素は少ないが、人間を身体的な存在でなく、そこに身体とは区別される魂があると想定すれば、身体に近づく、外の魂ということで、マレビトという概念も成立する。

子供が生まれる時、身体は母体が用意する。しかしこれは身体を作り出しているだけで、そこに魂がやってくるのは、妊娠してから出産するまでの期間の中で、二度ほど成立する日食の時であるケースが多い。不可視のものなので、これを多くの人は見て確認することができないが、妊娠期間のある時期に、母体の上に滞空しているように見える。日食は、太陽の力が月にストックされ、それからのちになって、この影響は地上にもたらされる。

また個人の魂は、頭頂（ケテル、サハスララ・チャクラ）から入ってきて、胸の真ん中まで降りて、そこに止まる。４つの生命の樹は重なっているということからすると、この体内の部屋あるいは器は、頭、胸、腰の中という3つにあり、それぞれケテル、ティファレト、イエソドでもあるが、上から来たものは、そこに止まるということになる。そして一定時間が経過すると、さらに下に降りる。

人間が死んだ時、肉体からエーテル体が離れ、さらにアストラル体がエーテル体から離れ、最後に、自我がアストラル体から分離する。そして、次に受肉する時に、自我はアストラル体をまとい、アストラル体はエーテル体をまとった後、肉体に着地する。このプロセスが大きなサイズで行われているということは、小さな範囲でも、この繰り返しがあるわけで、わたしたちは生まれた後に、マルクトに着地するまでに、ずいぶんと時間がかかり、恐る恐る降りてくるのだ。

魂は外から来て、胸の中心に居座った後、太陽の自己分割という15悪魔のカード、あるいは14節制のカードなどでわかるように、分岐して、より小さなところに降りる。ティファレトからイエソドをたどり、イエソドまで浸透すると、こんどはマルクトに向かおうとするが、中にはそこまで降りてこない人もいる。降りるならば、身体を他人事のように扱うのでなく、自らの意思で制御できるようになる。

マルクトは物質的身体である。骨の中に血を作る領域があり、個人の意思が骨髄にまで至ると、心身すべてがその人色になるということだ。

マクロのコスモスに進展する時に、同時に、鏡像としてのミクロにまで進展しなくてはならないが、大から小まで、すみずみに存在性が浸透すると、宇宙的なものを小さな場の中に反映させることができる。

イエソドとマルクトの間には7つの階層があると書いたが、すると、マルクトに至らず、この途中階段のどこかで止まってしまうケースもあり、それはリリス的な存在と言うのではあるまいか。それは物質の墓場の中に埋葬されていない存在なので、影響が空気に広がり、人に対してサイキックな影響を与えるものとみなされることもある。

☆地球に生まれてくるには、決意が必要

1魔術師のカードは、ヘブライ語でベト、家ということをあらわしていて、この世界の家、ビナーに、マレビトが入ってくると、その後すぐには出て行けなくなる。出て行けないことがわかると、あきらめて、この世界を制御する方向に向かう。最終段階は、21世界のカードで、マルクトにまで降りるということだ。

1魔術師の技は、21世界のカードに行かないかぎり成就しない。1魔術師の机の上の四元素は現地調達なので、1魔術師はその使いこなしができない。21世界にまで至ると、机の上の四元素は自分の周囲に配置している四大に変化し、自分がその中心に居座り、四大は完全にものにしたという状態になるのだ。

物質は硬い鉱物質などを含み、決して意識には反応しないように見えるが、この物質の分子、原子、素粒子という細かいところまで浸透すれば、それはコントロールできるものになる。そして素粒子にまで進展するというのは、恒星と対応するので、恒星に行くには素粒子が、素粒子に行くには恒星に到達する意識が必要ということである。

1魔術師は子供が生まれることをあらわすが、決意して生まれたケースもあれば、世界に捕まってしまったと感じるケースもある。転落したとか、地獄に落ちたとか感じることもあるだろう。それまで住んでいた世界からすると死と再生の体験でもあるので、恐怖を感じることも多い。とりわけカテゴリー1の地球に生まれるのは決意が必要で、ほとんどそれは自殺する決意にも近いかもしれない。

☆ヒューマノイド型の始まりは琴座

ヒューマノイド型の生命体は琴座（リラ）から始まったとリサ・ロイヤルは説明しているが、

この場合のヒューマノイド型というのは人間の形という意味ではない。レプタリアン、ドラコニアン、虫型、人間型すべてをまとめてヒューマノイド型というのだ。つまり個体としての存在という意味で、細かい形の違いは、ちょっとしたデザイン上の問題に過ぎない。

リサ・ロイヤルの話では、最初の形は虫のような形だということだが、わたしはこれを千手観音の形とみなしている。基本形は、球体のあちこちから、微細な光の糸、アームが飛び出したというものだ。宇宙のすべては球体か、球体が移動していく残像を示す筒かの形をしている。球体は単独で存在する。より低次元化するには、これを分割しなくてはならない。これは球体か長い筒から、より小さな筒が飛び出す形態になる。

そもそも螺旋回転が移動して筒になり、これがより大きな範囲で螺旋回転をして、大きな螺旋になり、さらに大きな螺旋になるという連鎖によって異なる次元が接続されるものなので、形態的には、大きな筒に、直交する角度で、小さな筒が出来上がるということだ。そして同時にいくつかの小さな筒が飛び出すと、これらは手足になる。

その意味では、生命体の形は、基本形態としては、球体か、それを少し変形させて、楕円にするか、もう少し長くして蛇とか龍かということになりやすい。わたしが出会っていたオリオン方向の生命体は、円錐型で、申し訳程度に手が伸びていたが、首はなかった。わたしはこれをトリスのおじさんとか、埴輪宇宙人と呼んでいた。卵、筒、小さな筒が飛び出す。こうした生命の基本的な構造からすると、人間の形は、ずいぶんといびつに作られたということになるかもしれない。でも基本からはずれているわけではない。それに、頭、手足は、五角形にも見える。

1魔術師があらわすマレビトは、前の等級の宇宙に居続けるのでなく、何かわけがあって、ひとつ下の次元の宇宙にやってきた。その意味ではこの移動は、脱落、堕落、転落というイメージを拭い去ることはできないだろう。たとえば、神々が地上にやってくるとか、弥勒菩薩が救済に来るという話は、転落であったり、もとの世界から追放されたという事情があるはずだ。創造の衝動として下の世界に関わるにしても、それは手を染めてはならない下の領域に関わり、自分の特性を劣化させることなので、誰もが望むことではない。

リラ、ベガ星人は、この転落記憶を持っている。琴座をリラと呼ぶこともあれば、また実はリラという星があったが、それは消滅したという説もある。リラの直系は、中国と日本にいるという話だ。ヒューマノイド型の始まりが琴座ならば、琴座の生命体は、かならず転落イメージを強く持っている。

☆上位次元の宇宙に行くことが困難な理由

ケテルの向こうの、前の宇宙に行きたいという人もいるが、その領域はわたしたちの知覚の限界を超えている。つまりわたしたちはこの宇宙の塵でできており、わたしたち自身がこの宇宙の中の存在なのだから、前の宇宙に行くというのは、わたしたち自身をここに置き去りにして、その先に行かなくてはならず、わたしたちを置き去りにしてその先に進むものとは何か？それは存在しうるかという話になる。

実際、前の宇宙を知覚することは困難だ。たとえば、わたしは恒星を素粒子と結びつけた。太陽系は原子だ。素粒子は物質のもっとも小さな単位と言われているが、前の宇宙とは、素粒子でも通り抜けられない、素粒子よりも微細な物質という意味になる。

もしこの先行宇宙に行っても、そこだけ記憶がごっそり抜けてしまう。それでなくても、太陽系の外の恒星に行く段階で、クリックアウト、記憶の欠損が起きやすい。もう書いたように、身体記憶とは似ても似つかないイメージを追いかけるので、自分の記憶の中に符合するものがなく昏睡状態になってしまうのだ。

宇宙原理として、自分よりも振動密度の高い世界に、自発的に自分から行くことができないということもある。これは考えてみると当たり前だ。自分よりも早いものに、自分から飛びつくことができるのかという話だからだ。自発的に進むことができたとしたら、それは相手から呼び出されたということだ。わたしがスピカに行くことができたのは、スピカのほうから呼ばれたからに他ならない。つまりより上位の次元の宇宙に、自分の意思で行くことができる人は皆無なのだというのは真実だ。

ごくわずかに、先行宇宙からの転落体験がある人もいる。もう書いたように琴座のリラ、ベガの由来の人々だ。先行宇宙との行き来ができるのは、アルクトゥルス関係の人なので、ここにやってきた理由について、アルクトゥルスの人ならば考えることができるが、ベガ人は落ちてきたという記憶しかないので、その理由について、理解することは難しいかもしれない。

1魔術師のカードの頭上にはレミニスカートがあり、これは前の宇宙を記憶喪失するという意識の断絶点を示しているが、アルクトゥルス人はこのよじった形をほどくことができる。

☆異なる次元は、無と無限の壁に阻まれている

生命の樹では、ビナー、コクマーの下に、アビスの深淵があり、これは裂け目のようなものだが、ここに難破船のような残骸がたくさんあると言われている。これは外宇宙に向かって行こうとして失敗したものの残骸だ。

モーツァルトの時代、ドイツから日本に旅しようとした人がたくさんいたらしいが、だいたい四人にひとりしかたどり着けなかったという。確率が25パーセントということであるが、外宇宙の旅はもっと極端に確率が低くなる。失敗して戻ってくるというケースよりも、深淵に閉じ込められる、存在そのものが損なわれるというケースのほうが圧倒的に多い。それは知覚す

も考えられない。

る作用そのものが働かなくなるからだ。知覚作用が働かないのなら、そもそも戻ってくること

アビスの深淵は、生命の樹の中にある位置づけだが、これはケテルの向こう側ということが、生命の樹内部に鏡のように映し出されているのだ。

外宇宙は知覚できない。そこには無の壁がある。だからこそ、それを想像する時に、アビスの深淵で考えていくということになりやすい。

同じく、マルクトよりも下の宇宙は、無限の壁に阻まれており、やはりわたしたちは知覚できない。無限の壁とは、無数にあるために、ひとつひとつの区別がつかないということだ。たとえばわたしたちは分子や原子ひとつひとつとコミュニケーションできないし、識別もできない。同じく大天使は人間個人とは接することができない。人の存在を識別できないのだ。

この無限の壁に阻まれた下の宇宙を、わたしたちはイエソドに反映させていく。そこで小なる境域と、大なる境域を、それぞれイエソド、ダート（アビスの深淵の近くにあるもの）に投影する。このように上下を対照形で考えていくと、生命の樹は、そのままエニアグラムに変わる。

アビスの深淵に閉じ込められた遭難者たちは、時間のない世界に閉じ込められているので、何千年経過しても、まったく時間が経っていないという経験をすることになる。つまり時間と

空間の差異が少しでもあれば、それを足がかりにして、移動したり突破したりできるかもしれない。しかし、とっかかりようのない、つるんとした壁を前にするように、ほかに移動する手立てを失っている。知覚を作り出す抵抗体がない、ということでもある。

エメラルド・タブレットの著者ヘルメスは、外宇宙に行きたいということが悲願であると述べている。そもそもこのエメラルド・タブレットそのものが、怪しすぎて偽書なのかどうかもはっきりしないとは言えるが。

行き来できる人は、アビスの深淵に閉じ込められている遭難者を連れ帰ることができる。それはどこかの子宮に入り込んでくるが、その前の亜空間体験は、記憶の空白になる。でもおそらく、すぐさま、近隣のアカシック記憶をコピーして、自分の仮の記憶にしてしまうだろう。記憶があれば、それは意識の抵抗体を作るので、何もないところでも思い出したりする行為で意識が維持できる。記憶の空白は文字通り空白なので、空白の記憶があります、ということ自体が矛盾した話だ。3分間記憶がなかった人は、この3分間はなかったものとみなし、記憶に3分の断絶があるとは言わない。

非時間の中で意識を保つことのできる人、すなわち四次元（第四密度）に進化しつつある人は、この空白の三分間を空白とみなすことができる。そして、空白を認識した段階で、この中に含まれた記憶というものを引き出すだろう。

宇宙人と接触した人の多くが記憶を消されていると言われているが、わざわざ消されているのでなく、異なる次元の存在との接触は、そもそもわたしたちの記憶の平面に残らないのだ。少しへこんだ穴の中にあると言える。生命の樹の構造は、小さなところでも反映されていると考え、異なる次元とは、無と無限の壁に阻まれていると考えよう。

ケテル＝コクマー。0愚者
アルクトゥルス…溶解、無、脱出

☆7つの恒星を統合化した中心点

外宇宙に接点を持つことができるのはアルクトゥルスだ。アルクトゥルスは、全太陽の中心にある。全太陽とは7つの恒星をあらわし、アルクトゥルスはこの7つを統合化した中心点で、中心点はグレート・セントラル・サンと呼ばれることもあるが、これは空間的な配置での定義であり、アルシオンやシリウスがそれだと言われている。

アルクトゥルスが中心にあるというのは非時間領域であり、実質このほうが正確な話であると思われる。リラ・ベガから個体としての生存形態が始まったとすると、アルクトゥルスには、この個体としての形がない。先行宇宙は、我々からすると不可視、それよりも不可知で、意識にとどめることができない。わたしたちの知覚意識の敷居である無のかなたにあるものだが、それとこの宇宙を繋ぐ役割がアルクトゥルスだ。これは５８０００年前に北極星だったが、固有運動によって今後北極星になることはない。

琴座すなわちリラのアルファ星ベガは、１魔術師のカードがあらわすように、この宇宙の子宮に入り込み、ヒューマノイド型のネットワークを作り、さまざまな方向に分岐したが、反対に、この宇宙から出ていく姿勢を示す０愚者は個体としての形を失い、崖から飛び出そうとしている。つまり１魔術師のカードの作用、造物主の技に関心を抱き、造物主の作り出した世界の中に入っていた行為とは反対に脱出を促す。１魔術師は一度入ると、もう自力で抜け出すことができないので、０愚者のパスの役割は重要だ。

異なる宇宙との接点は、ミンタカ、アンタレスなどにもあるが、これは並列する外宇宙との接点であり、直接の源流宇宙との接点は、アルクトゥルスにある。ただし、わたしたちはこの外宇宙に飛び出すという０愚者の作用を、たいていの場合もっと範囲の小さなところで活用する。月から惑星へ。惑星から全惑星へ。全惑星から太陽へ。太陽系から外の恒星へ、というふうにより大きなコスモスに行くのが０愚者だが、全太陽の統合点から、前宇宙に行くという試みはきわめて珍しい。

アメリカのモンロー研究所で、ヘミシンクを試みたおびただしい人の中で、戻ってこなかった人は、ひとりだけいるらしい。ヘミシンクは意識が身体の範囲から外に拡大することなので、ここでは0愚者は、身体から外に飛び出すというもので、肉体から月次元へ、というものであると考えていい。

ニューエイジムーヴメントの時代にアメリカで多くの若者が向精神剤としてのLSDを使ったが、戻ってこられなくなった事例はモンロー研究所とは比較にならないほど多い。行った先があまりにも魅力的で戻りたくなかったと言っているのは、「エルラルド・タブレット」の作者とも言われるヘルメスだが、より大きな宇宙に行くことは、そのぶん、分裂していない、より統合性の高い世界に行くのだから、戻りたくないというのは万人の感情だと思われる。

そしてその場所はいつもの自分よりもはるかに振動密度の高い世界なので、そこに長く留まる耐久性もないに違いない。戻りたくない人は、ほかにわざと事故に巻き込まれたり、自殺したりするということもあるだろう。0愚者は、世界を無にするという広範な意味であり、具体的には、さまざまな形で使われていく。

☆前宇宙から見たわたしたちの宇宙

ところで、このコクマーがケテルを通じて、上の次元の宇宙に上昇した時、それは該当する次の宇宙から見ると、下から何か得体のしれないものが侵入してきたように見える。つまり鏡像構造として、ケテル、コクマーのパスは、ケテルをマルクトとした前宇宙においては、マルクト、ネツァクのパスに映し出されるはずだ。わたしたちの宇宙で、外に出たものは、前宇宙においては侵入してきたゴキブリのようなザリガニとして現出する。これは18月のカードに該当する。

それは前宇宙からすると、遠い昔に忘れ去った記憶の蘇生であるかもしれないし、同時に、前宇宙からすると、わたしたちの宇宙はミクロコスモスで、認識できない無限のかなたにある。つまりザリガニは、何もないところからいきなり登場してくるのだ。

ザリガニとして上がっていくと、それは前宇宙に認識されていくが、マルクトの下にある段階では、知覚不可能なものだ。上に向かっては無の壁が、下に向かっては無限の壁があり、その壁があるからこそ、わたしたちの宇宙は存在しうる。1魔術師のカードでは、頭の上のレミニスカートとして描かれた気絶する点、意識を失う点は、わたしたちの世界を守るには重要な意味がある。

☆**アルクトゥルス的現象**

ヒューマノイド型は千手観音のような虫型、レプタリアン、ドラコニアン、人型などたくさんあるが、アルクトゥルスにおいてはこのすべての形が溶解してしまう。この形がなくなるという作用はあらゆる場所で働き、個体が死ぬ時、何かの形がなくなる時、アルクトゥルス作用が働く。

そこでわたしはこれを川のそばで、すべてを剥奪する脱衣婆（瀬織津姫）とみなしたのだが、海、川、流動的な流れに戻すあらゆる場所に脱衣婆がいる。アルクトゥルス意識の流動性を、リサ・ロイヤルはスープだと表現している。そしてスープの中にある固形物が、それぞれの星の生き物というふうに解釈する。形がなくなるという性質である以上は、ほかの恒星や恒星のまわりをめぐる惑星に住む知性体とはまったく異なる解釈をしなくてはならない。形がなくなるというのは、いつか、どこかの場所にいるという限定がなくなってしまうために、それは大小どこでも遍在すると考えるといいのだ。時代もまったく無関係。

この世界、あちらの世界、かなたのあらゆる領域にアルクトゥルスが染み込んでいるとして、このアルクトゥルスが0愚者の、形がなくなるという性質を強く持っているとしたら、社会事象の中でも、溶解する、形を失う、なくなるなどの現象はすべてアルクトゥルス的と考えてもいいということになる。

物質的な存在を背後から助けるという意思がアルクトゥルス人にあるとしたら、この意欲そのものでアルクトゥルス人はもっと肉体的な形態を持つ比率が増えるはずだ。しかし非物質、スープになるということにとどまるとしたら、アルクトゥルスに触れた人は多かれ少なかれその影響を受けてしまい、しかもアルクトゥルス側にそれを食い止めるような性質は存在しない。アルクトゥルスは非物質的な存在にとどまり、そこから物質的な存在を助けていますというのは、理屈として、とても矛盾しているように見える。そもそも0愚者は、1魔術師の建設的な意図を台無しにしてしまうのだ。

☆宇宙的知性から見れば、地球人はひとり

ただ肉体的に存在する宇宙人ということを想像するのに、地球的な視点から見ると、食い違いがたくさん出てくるので、このあたりについて言及したい。

わたしたちは個人として生きていると認識している。が、大きな視点から見ると、わたしたち個人の違いは微々たるもので、大きく見れば、考え方も発想も同じで、個人が固有で思考を持つこともなく、いわば似たような形の細胞であり、この細胞が集積して、ひとつの地球型人間ということを表現している。宇宙的な知性は、この全体像を見て地球にはひとりしか存在していないとみなすだろう。

宇宙的な知性が、地球人のように、ひとりひとりを個として意識する習慣があるのならば、同じように地球人に対しても個人ごとに扱うことができるだろうが、そのような見方ができる

存在は稀有で、あまりにも似すぎているもののひとりひとりを識別するのはかなり難しい話だろう。

つまりこれはわたしたちが、小さなところに集中しすぎていて、小さな違いを、ひどく大げさに捉えていることにほかならないと言えるだろう。

宇宙人が地球人に接触する時、個人に接触しているとは言えない。結果的に、地球人の側では、同時多発的に同じ体験をする人が多数出てくる。矛盾しているように見えるが、地球人は個人がそれぞれ別個に振る舞うことができると確信しているが、それに反して、実情としては、感情や思考で独立している面が少なく、ひとつの体験はかならず漏れ出し共有され、これは自分の体験なのか、それとも違う人の体験なのかを判断することができない。個人として判断し、個人として個別に行動できると思っているのは、実際には妄想だ。

そしてそれが自覚できない人は、宇宙人コンタクトを確かに体験しているが、意識に上がってこない。意識するとは、この体験に対して、ひっかかりが出てくること、知覚に抵抗体が存在するということだ。

いろいろなものが流れている川を想定しよう。この中で、特定のものを見つけ、それに手を出して、流れに飲み込まれるのを止めてしまう。この特定のものを自分が手に入れたいと思うから、それに注意を向けて、それが流れていくのを止めるのだ。このように、掴みたい人は、その体験を思い出す。しかし個人体験として思い出すほど、わたしたち個人は、その人固有の抵抗体を持ちにくい。

わたしたち自身も、わたしたちが個別に存在するというより、注意力が掴み、同一化していることで、存在している。これはもう説明したが、人間の中心は感情体であるとみなした時、感情体は、わたしたちの身体を掴んでいるので、わたしたちの身体も存在するが、手を放してしまうと、すぐに解体する。アルクトゥルスは、特定の星系に同一化しておらず、だから、形態を持つことができないし、そもそも先行宇宙との関係を保っているかぎりは、自分を形の中に押し込めるのが難しい。川とか海全体をアルクトゥルス知性体とみなしたほうがよほど自然かもしれない。

☆わたしたちが持っている宇宙人のイメージを捨てる

宇宙人は地球人と同じように空気を吸い、何かを食べて、また金属か何かの航空機に乗ってやってくるというイメージは、わたしたち地球的な存在にしか通用しないイメージなので、これにこだわると、情報を見落とす。というよりはわたしたちは目の前の情報の1000分の一も見ていないので、身体を今何かが通過した、ということにも気がつかない。ちょっと気分が変わったというくらいにしかとらえない。で、宇宙人を地球人と同じように身体を持つ存在とみなすことをやめて、空間のどこか、ある程度狭い範囲のものに、存在を浸すというような印象で考えてみると楽だ。たとえば、部屋全体に共鳴して、そこに同調してくるとか。何かいつもと違う部屋の気配が出てくる。

環境の部品を使いつつ、環境から切り離して独立的な働きをするというところにこぎつけるには、自分の位置以外のほかの領域と、自分をきっぱりと切り分ける決意が必要だ。しかし宇宙人は個体化するほどには孤立していないという場合には、空間の中で、何かの形ある塊が動くのでなく、むしろ空間を占める物質の中で、少しばかり凝固の密度が高い部分が推移するようなものだ。絨毯の盛り上がりが移動するような印象か。わたしたちは鉱物という死物の、動かない素材を借りて、身体を個体化させているのだが、それは宇宙の中では珍しい形態であると考えてもいいのだ。

☆生命体の形の作られ方

4つの生命の樹の連鎖によって、1魔術師が、15悪魔と共鳴していると説明したが、それならば、0愚者は13死神と共鳴している。卵は、蚕のように細かい紐をほどいて、環境に自分を縛り付けるが、13死神では、この触手を次々と手放す。

この1魔術師＝15悪魔と、0愚者＝13死神が交互に行われるのならばくっつき、離れ、またくっつき、離れということでムカデのように移動できるだろうが、残像が残ると、濃い残像の部分は、蛇とか龍のように見えるだろう。そして細かく触手、いくつかの紐が伸びて、また引っ込み、また出てくる。何か生き物が存在するというのは、意識が成り立つ抵抗体があり、そしてこれはずっと同じことを続けていられないので、少しずつ移行し、その残像が、生命体の形を作り出す。

1魔術師は、ビナーという卵に入り、0愚者はそこから脱出する。すると、ここでは横のパスである3女帝、あるいは、15悪魔のカードと13死神の交互運動によって、二段下の16塔のカードのパスでの、左右の価値の均衡、バランスはその都度崩れていくことにもなる。つまり入ったり、出たりしているうちに、この左右の配分が変わってしまう、というより、どれが基準なのかわからなくなる。左右のパスは中央の柱に関係していないために、どこに定位置があるのか、まったく決まっていないために、決めどころがわからない。

16塔のカードは信念体系の崩壊というふうに説明したが、星の力を受け取った17星のカードのパスは、この星の力をイエソド、エーテル体にストックする。このイエソドに蓄積されたものは、ホドとのパスの19太陽のカードによって、言語化、情報化される。しかし、ホドに持っている知性が、通常の地球生活によって占有された普通の知性ならば、もちろん、ネツァク、イエソド、ホドという玉突きはうまく働いてくれない。

そこで、星の力を吸い込むネツァクが、ダイレクトに、ホドに向かって、この知性の枠、ホドの範囲を突き崩し、拡張していくことになる。つまり月にストックされたものを、言葉にできるような知性は、このネツァクとホドのパス、16塔のカードの力が活発に働いているほど、うまくいくことになる。

そして、3つの横のパス、3女帝、11力、16塔は互いに共鳴し合う。性質も似ている。したがって、出たり入ったりという1魔術師、0愚者あるいは15悪魔、13死神の運動が活発なほどに、壊して組み立て、壊して組み立てという塔の新陳代謝が早くなる。

しばしば宇宙的な知性においては物質化したり、また形がなくなって消えたりというのも、この交互運動の結果ということになる。

形の柱である右は凝固する。力の柱である左は開放され、形がなくなる。で、わたしたちの多くは、この分解と凝固は一回だけだと思っているが、行き来する者もいる。それがシリウスbだ。わたしを案内する管を作るために、共同で身体が溶けてしまった男たちは、シリウスbから来た知性体たちだった。

☆宇宙人は、地球人にはなりたくない？

わたしたちの身体は金属、鉱物、植物、動物、水、空気、火などが組み合わされてできている。この成分は、地球あるいは少数の惑星にしかないと思うので、わたしたち地球人のような身体で生きている存在は、地球あるいはそれに似た惑星しかないと思われる。一説では、プレアデスの星、タイゲテの惑星エラでは、地球と酷似した環境があり、そこでは地球と定期的に行き来している人々が住んでいるのだという。ただし、彼らの寿命は地球時間にして、数百年なので、地球人のようにせかせかせかしていない。

大多数の宇宙知性は、この地球的な素材の組み合わせを物珍しいものとみなしている。とてもオリジナルで、興味深い、と。感情体は引き寄せ、手放す。そしてまた引き寄せる。この交互運動の間に、少しずつ別形態にシフトするということもあるのだろうが、地球の金属、鉱物、植物、動物、水、空気、火をぶら下げつつ、そこで知覚意識を保つには、それなりに慣れが必要だ。

いったん記憶を失い、あらためて新しい身体構成の中で、もともとの自分を再現するには、何かが余計で、何かが不足しているというケースもある。たとえば金属と鉱物の重さに耐えきれないとか。つまり金属と鉱物を持っていることは、岩の中に閉じ込められているに等しいのだから。

わたしたちは、金属と鉱物で覆われたロボコップのような身体を持っている。こんな身体を持つことは、鎖を足につけて歩くようなもので、とうてい受け入れられない人々は、地球に産まれてくることを躊躇し、むしろ非物質的な支援をすることを好む。でも、このロボコップ身体を持つわたしたちは、この非物質的支援をする人に気がつかない。生命の樹で言えば、16塔の絵柄の中の塔が壊れていない状態。ネツァクからやってきたものは、塔を壊すだけの力がないというケース。

形態として、部屋とか、建物とか、何かに共鳴的に、一時的に入り込むのは、あらためて地球人として生まれてくることに比較すると、はるかに楽に違いない。これに気がつく人は、この壁は何かおかしいと感じたりするかもしれない。わたしはしばしば大阪などに出張の時に、ホテルの部屋の箱全体が、何か違うものと共鳴していることに気がつくことが多い。わたしに接触する存在は、大阪が使いやすいようだ（大阪駅近辺は、わたしにとってはポータルである）。

アルクトゥルスならば、こんなことを平気でやってのけることは間違いない。そしてこの箱は擬人化されると人間の姿にもなる。いつも明確なメッセージもやってくるが、これは相手からもたらされるのではなく、相手と自分の落差が自動的に言葉になるというものだ。

第6章　宇宙への旅をより楽しむために

ハイブリッド型存在として

☆感情体の個性、思考体の個性に合った食物摂取が重要

人間は身体と感情体と思考体という3つでできている三分節存在であると説明した。この3つはしっかりと結びついておらず、休みなく点検し続けないと、どこかが脱落する。

思考体は無関心によって、感情体を取りこぼしやすい。常に思考は感情について努力して関心を抱いていなくてはならない。

感情体は欲望によって身体に結びつき、呼吸をする都度身体に深く食い込んだり、少し離れて拡大したりする。この感情体は強すぎると、身体を破壊する。たとえば憤死という言葉があるが、感情が強烈になりすぎると、身体は耐え切れず壊れてしまうのだ。身体は小さな壊れ物であり、ゆっくりと慎重に扱わなくてはならないのだ。

それに身体も地球の複数の素材の寄せ集めでできており、この複数素材の種類は多いので、組み合わせを変えると、身体の特性は変わってしまうから、食べ物についてもできるだけ意識的に考慮したほうが良い。間違えた食べ物を多く摂りすぎて、感情体の資質とは合わない体質になってしまったりするケースもありうる。

この間違えた食べ物とは、たいてい一般論に従った食事ということもある。国が推薦する食事法などでも、年数が経過するうちに、間違った指導をしていることが判明したりすることもままある。一般的で、誰にも適用できるような基準は、感情体、思考体が関与した総合としての存在が人間なのだという考え方が落ち抜けているところで決められたものなのだ。

感情体の個性、思考体の個性に合わせた食物摂取は重要だ。人によって、欲しい情報は違う。食べ物とは情報だ。人によって同じ食べ物を食べても、吸収するもの、排泄するものの比率などが違う。空気を吸っても、その中から取り入れるものは人により違う。自分がすでに持っているものは、磁石のように、同じものを引き寄せ、空気や食物の中から抽出する。つまり辞書に記載されているものは集めやすい。辞書にないものはそもそも消化できないので、身体の中に集まらない。

☆不死性とは

身体は地球製であり、さらにローカルな性質を帯びているので、岩手製とか、長野製など細かい違いがある。感情体はよそからやってくる。人によって違いはあるが、太陽系の金星から来ているというようなケースもあるかもしれない。

感情体のもっとも低い振動部分は空気であり、この空気の振動密度に縛られている感情体は、地球上しか移動できない。もちろん空気に縛られておらず、もっと軽い素材で動いている場合もあるし、高度な領域では、太陽系を突き抜けて、星雲界に至る。すると、この感情体のルーツ、根は、恒星や星雲界にあるということになる。

思考体も同じく発達している場合、恒星領域に拠点を置く。きわめて稀に、わたしたちの星雲界、第三等級宇宙の前の宇宙との接点を持っているケースもある。このあたりは入り組んでいて難しい。あらゆるものは無から生まれたと考えることができるが、しかし前の等級の宇宙とは、この無の向こう側にあるのだ。

身体は進化すると、死ぬ前に、アストラル体というものを形成し、ここに思考体、感情体が乗って、不死性を持つ存在になる。全惑星意識のレベルで結晶化すると、惑星においては不死であり破壊されない。太陽レベルで結晶化すると、全惑星レベルにおいて不死となり、破壊されない。恒星レベルになれば、太陽系内部では決して破壊されることがない。つまり不死性というのは、相対的なもので、この夏わたしはセミと違って不死である、というように、さまざまな範囲で考えなくてはならない。

星の計算法などによって、この感情体ルーツ、思考体ルーツを、参考に考えることができる。わたしは恒星パランという古代ギリシャからの計算法によって、感情体のルーツとして、どこの星が強いかということを推理する。また太陽中心主義、すなわちヘリオセントリックの技法で、思考体に関わる恒星を計算したりする。

しかしこれらの計算法は、まずは太陽系の中にある惑星が恒星をバイパスするという考え方であり、しかも時間・空間の座標が明確なところでの計算だ。三次元的な座標の中に落とし込まれた、四次元的な作用を持つ星を考えるというのはなかなか矛盾した考え方である。

時間の経過の中で、空間的な形は変化する。時間の経過があっても、決して変わらない空間というのは存在しない。ということは、時間を自由に行き来する四次元意識においては、空間座標もあてにならない変遷をするということだ。規則的な経過をたどって変化するのでなく、それはいきなりたたまれたり、広げられたりする。というのももし時間を扱うことが自由にできるならば、時計のように動く規則性など誰もが見向きもしなくなるのだから。

占星術あるいは天文学で使うような規則的な天体の運航の計算などは、四次元以上ではほとんどなんの役にも立たないということだ。天体位置計算は、とてもはかない計測法なのだ。空間的に認識する星の地図も、役に立たない。最終的には、星の名前も役に立たない。

座学で宇宙について考えるのは退屈なので、恒星などに行く体験は、感情体を使って、実際に星に行ってみるのが薦められるが、天体位置計算などは、空間・時間に限定された枠の中に差し込む手がかりの光ということで、期待しすぎないで、ちょっと最初の入り口として参考にしてみると良い。それらに表示された天体を次々と探索してみれば、自分の感触で、実際にどうなのかが理解できるはずだ。

☆宮沢賢治の故郷（星）

宮沢賢治が、地球に向かってやってくる時、すなわち地球製の身体を捕まえた時、そこにはフォーマルハウトと、デネブ・アデジが関わっていた。宮沢賢治の作品などを見れば、このふたつが関与しているのは誰も疑わないと思うが、このヘリオセントリックにおいての地球ポイントは、まだ地球の身体を得て、この中から覗いているという段階ではなく、外部的に見ている視点だ。

次に身体に入って、身体から世界を見ようとする位相においては、東の地平線に、ヘリアカルライジングで、アルファードが上がってくる。これが生涯において、宮沢賢治に安心できない脅威をもたらすことになると思うのだが、外から身体に接触しようとする時には、フォーマルハウト、デネブなどがあり、身体に潜り込んで、地上で、本来の星の故郷で持っていた資質を活用しようとする時にアルファードがやってくるというのは、そもそも最初から計画したものであるだろう。

ある種時限爆弾を抱え込んだようなもので、37歳までしか生きることができなかった。モーツァルトは35歳で死んだが、モーツァルトの時代はそれが平均寿命だったので、夭折の天才などとは決して言えない。しかし宮沢賢治の時代は多くの人がもっと長生きだ。

宮沢賢治の書いた物語、『銀河鉄道の夜』の中で、川で死んだ友達、カンパネラは、ジョバンニのエーテル体で、このふたりは、19太陽のカードのふたりの子供のように連れ立って銀河鉄道に乗る。銀河鉄道に乗るには、このエーテル体がどうしても必要だし、星の地図、仕組みなどの知識は、すべてカンパネラが持っていた。

カンパネラが死んだ川は天の川でもある。銀河鉄道全体のトーンである重苦しさなどは、アルファードが持ち込むものを思い起こさせる。

☆恒星マカバから、宇宙種族の歴史と変遷を推理することができる

思考体と感情体は違うところからやってくる。そしてこれらを組み合わせて、さらに地球の身体を宿り木として降下した時には、3つの要素の複合で、種々の人生ドラマが出てくることになるだろう。

つまり、星の故郷ということを考えても、自分はプレアデスから来ましたなどというシンプルな出方をする人はいないと思われる。そもそもマカバのところで説明したように、基本の理屈としては、7つあるいは8つの力の作り出すテントの中で、その人はいろいろな体験を巡回していくのだ。この内部を巡回することが、マカバで飛ぶという意味なのだ。場を作ると、この中で、循環運動が始まり、ドラマが始まる。そして太陽系の中の惑星では、惑星が織り成す時計、さらに惑星と惑星が組み合わされた時の、幾何図形模様を考えるとわかるように、あらかじめ用意された複雑な運動特性の中で、怠け者でもそれなりに人生が展開する。太陽系の中では指導要綱に従い輪廻するし、太陽系の外では、時間を歩くので、コースはもっと任意になる。圧縮したり、引き延ばしたり、途中をスキップしたりだ。

惑星マカバはホロスコープなどである程度想像することができる。マカバはこの網を張った場の中をとび職のように飛び回ることができるのだ。恒星マカバは複数の恒星が組み合わされた結晶なので、ここに、宇宙種族の歴史と変遷を推理することができる。宇宙種族は数々あり、共通の恒星に乗り入れしていることもあれば、また違うものを加えていたり、順番が違っていたりする。それは数々音律の種類があるのと同じだ。

太陽系の外では任意の形で時間を歩くと書いたが、宇宙種族によって、そのパターンに決まった型がある。リサ・ロイヤルの言う宇宙種族の変遷は、ひとつのグループにおいては、こうした変遷があり、こうした通路が形成されたということをあらわしている。実際には、もっと違うたくさんの種類のものを紹介するべきであると思う。

ロバート・モンローなどは、異なるクラスタに出向する人もいるということを述べている。これは特定の宇宙種族から、違うクラスタに一時的に移動することを示している。こうなると、だんだんと変則的な移動コースなども作られるわけで、ベテランのタクシー運転手が、裏道をたくさん知っているように、特殊なショートカットなども使われていくようになる。

☆ランダムにふたつの恒星を行き来してみよう

トレーニングの方法として、たとえば、本書に列挙した恒星を、一枚ずつ名前をカードに書き、裏返しにして、束の中から二枚取り出し、このふたつの恒星を行き来してみるといいだろう。この場合、すんなり移動できれば、それはこの二点に、もうすでに通路があるということだ。それは誰かが開発し、ほかの人もそこを通ったということだ。

しかし、まったく行き来できないとしたら、通路がないか、埋もれているか、馴染めないので近づけないということだ。こういう場合、いろいろな時代を模索する。すると太古の時代にこの通路があるという場合もある。その太古の時代に生命の形がどうだったかを調べて、その生命の形を再現すれば、そこに通路がある。

本当に通路がない場合には、そこでは意識が消失する。つまり通路は、aの場所とbの場所をつなぐという意味であるが、aの意識状態から、bの意識状態に変化していくということであり、この変化が未知のものであれば、そこで意識は存在できなくなる。存在できなくなるということがわかって、その直前でやめてしまうのならば良いが、そのまま存在できない状態に移行した場合には、誰かに助けてもらわなくては回復はできない。

恒星意識とは振動密度の高い、大天使に匹敵する振動なので、わたしたち人間の側が選んであそこに行きたいと言っても行けるわけではない。振動密度が高いというのは早いという意味であり、わたしたちがあそこに行きたいと思ったとしたら、それは、あちらから呼ばれたということだ。想念の速度はわたしたちのほうが鈍重なのだから。こうしたより振動密度の高い存在が助けてくるというケースが多いだろう。

でもどちらにしても、宇宙旅行をしようとすると、それぞれの人が自分に縁のある知性体と接触することになり、そして連れ歩くことになったり、案内されたり、お勧めされたりする。こうした関わりを増やすと、地上においての人間関係がほとんどなくなってしまう人もいる。実際に用がないという場合もあるのだ。

読書、テレビ、ラジオ、映画、音楽、すべてが規則的な時間の中で順番に体験しなくてはいけないし、地上の人間関係も、じっとどこかに座って、順番に話さなくてはいけなかったりするので、これには異様に忍耐力が必要で、いきなり放り出したくなるだろう。つまり宇宙的な対人関係は、こうした時間と手順の縛りがない。面倒が嫌な人は、0.3秒の関わりでもいいのだ。それが短いという人は、地上時間で考えてしまうからだ。

わたしは毎日何度もふたりの老人に会っている。しかし日常意識において、わたしはこのふたりの老人を知らない。一人は、20歳前後に知り合いになった。というのも真実ではない。生まれる前からずっと知っている。あまりにも頻繁に会っているので、ある日、シータ波の意識の中で、どうしてここまで会っているのか、あきれてものも言えないと思ったが、しかし日常意識において、そのことは知らない。日常意識とは低速すぎて、この会っている時の記憶が裏側にたたみ込まれてしまうのだ。

☆生命の樹のパスを連続してたどる

ランダムな二枚のカード以外に、生命の樹のパスを連続してたどって行くのもいいかもしれない。繋がっているところをずっとたどるのだ。

これはアミダのようなものだ。生命の樹は、全体としてバランスを取っているので、どれかひとつだけを強調することはできない。上を頻繁に歩くと、こんどは下に行きたくなるし、右に行くと、こんどは左に行きたくなる。生命の樹の構造は、スーフィで使われるエニアグラムと似ているが、図形としてははるかに固定的だ。

エニアグラムでは、内部の線は、1割る7の循環小数の順番に書かれていて、142857 1

の順番だ。これは7の法則が示す規則性と言われている。

たとえば六角形という図形は、三角形と三角形が向かい合わせに配置されるが、一方の三角形に属するものは、決して反対側の三角形には行かない。しかしエニアグラムでは、このふたつの三角形がいつのまにか交換されていく。生命の樹はどれかのセフィロト、パスを歩く時、結果的に、他のすべてに行かざるを得ないという意味で、エニアグラムと同類の性質だ。どこかにじっとしているということが許されない。

☆タロットカードの数字を逆にたどる

もうひとつはタロットカードの番号のままに進むということもあるが、生命の樹とタロットカードの対応では、基本的に、カードは上のケテルから下のマルクトに向かって進むという形式になっている。

タロットカードの数字の順番は、物語が進むように配置されている。これこれこうなったので、次はこうなるというふうに。なので、マルクトからヤコブの梯子を上がるように上昇するのは、タロットカードの物語を反対にたどることになり、いわゆる逆向瞑想のようなものだ。なので正確に、タロットカードの数字を逆にたどるという方式でもいいだろう。

生命の樹のセフィロト、またパスは、世界のすべて、人生のあらゆる局面を網羅しているので、巡回することで、その人の意識状態には、偏りが減ってくる。たいてい多くの場合、なじみのあるものばかりを繰り返すことが多いと思うので、この生命の樹巡回は、偏見をなくすということに貢献する。それは結果的に信念体系を柔軟にしていく。

樹木の枝につく葉には、樹木の形が模型的に再現されている。というように、全体は細部に、細部は全体に反映されているということは、これらの練習をすることで、いつもは一部しか見ていない視覚意識を拡張し、これまで気がつかなかった存在に気がつくということが増えてくる。宇宙知性はそこいらをうろついている。実は目の前に立っているのに、まったくそれに気がつかなかった。しかしある日気がつく。

わたしたちは多重的に重なっている宇宙を認識していないが、知覚の漏れを補うことを続けると、ここに重なっている宇宙を知覚できるようになるということだ。だから、生命の樹、あるいはタロットカードのすべてを歩き尽くすというのは、とても役立つ手法なのだ。

生命の樹やタロットを借りずに、宇宙旅行の本を書くこともできたが、そうすると、この「総合的に網羅」というテーマが果たせない。そして総合的に取り組まないのならば、わたしたちの知覚の穴、漏れは修復できない。

複数の地球

☆古代文明は、今でも存在する

「連合」は太陽系の中の複数の惑星に基地を持っている。そして地球の周囲にある月の中だけでなく、その軌道上の他の場所にも宇宙船がある。ただし、わたしたちが住んでいる地球の振動密度のレベルではないので、この宇宙船を物理的に発見することはできない。十分に物理的に存在するのだが、地球人の振動密度ではそれを発見できない。しかし中にはそれを見ることができる人々もいる。

ここでも、もっと正確な言い方をすると、地球はひとつの振動密度を持っているわけではなく、12の振動階層にわたる地球があり、わたしたちはこのうちのひとつに住んでいるに過ぎず、そして他のレベルの地球は、あまり閉鎖されておらず、さまざまな他宇宙に通じている。わたしたちは過去から未来に時間が動いている中で暮らしているが、異なる次元の地球は、このようにリニアな時間をすごしているとは限らない。つまり、わたしたちが古代文明と呼び、もうすでにかなり前の時代に滅びてしまったと思っているものは、とくに失われているわけではなく、今でも存在すると考えたほうがいい。

☆異なる次元に飛び込む力は、想念の力

アトランティス時代には、さまざまな宇宙文明と交流していたという話があるが、これが異なる次元の地球として、いまでも存在すると考えるといい。わたしたちからすると、時間は固定的で、去ったものは戻らないし、また未知の未来に向かって進んでいると考えているが、シュタイナーが言うように、霊界では、時間をあたかも空間であるかのように歩いていくという考え方からすると、地球に住む四次元的、五次元的な存在たちは、どんな時代にも行き来できるということになる。

わたしは海王星の作用が、同じ場所の異なる時間をアクセスすることに関係するということをよく説明していた。たとえば新宿の中央公園近辺は、かつては池になっていて、室町時代に、特徴的な事件があった。いまでも、中央公園に行けば、それを呼び出せるというふうに。

でも、時間の経過とともに、空間は変形していく。衰退したり、また違うものができたりする。ずっと継続する座標はない。なので同じ場所の異なる時間というのはあまり正確ではなく、異なる時間になると、空間の同一性も保てない、そこにある山は数百年は変わらないとか、そこにある池は三百年はまだ存在していたと言っても、そのことに安定した理屈は成り立たない。四次元的、五次元的に発達した存在は、こうした時間、空間の座標をよりどころにしなくな

る。ドロレス・キャノンがインタビューした宇宙人は、しばしば宇宙船を動かしたり、異なる次元に飛び込んだりする力とは、想念の力だと説明している。科学を追求した挙句に、最後に行き着くのは、夢見、想念、意図などの力がすべての拠り所になるということだ。

そして時間が経てば、とか場所を移動すればこのように変化する、とかの概念がどんどんと崩れてしまう。放置しておいて、そのままそこにある、というものがひとつもないのだ。

☆12種類の地球は、地球文化の停滞をあらわしている

時間の輪の秩序を壊さないように考えるならば、今のこの地球から外に出るには、地球創世記の扉から出て行かなくてはならない。たとえば占星術では、12サインの始まりは、地球の赤道の延長の天の赤道と、太陽の通り道、黄道が交差する春分点であるが、これが創世記に似たものであると考える。

12サインから外に脱出するには、春分点に行かなくてはならない。それ以外にどこにも穴がない。というのも12の意味は、前後の、あるいは全体の関係の中で成立しており、この緊密な関係性の上に構築されている世界の秩序を壊さないようにして、そっと立ち去るには、その意味が始まろうとする場所から出て行くしかないのだ。しかし地球創世記は、わたしたちが住んでいる地球においての創世記であり、他の次元の地球での創世記ではない。他の次元の地球は、わたしたちの地球に接近できる。

ドロレス・キャノンはある時期から地球は二分され、次元上昇する側と、下落する側に分離すると説明しているが、実際には地球は12種類あり、しかも異なる次元にわたって、いわば斜めに並んでいるとすると、今の地球が二分され、反対方向に向かうといっても、それは他の次元の地球が吸引していると考えたほうが正確だ。

たったひとつの地球が次元移動して二分化されていくという時、ひとつはある方向に推移し、もうひとつは異なる方向に推移するとして、両方ともに、何かに向かって推移することになる。すると、この向かった未来のイメージは明確であり、そして時間が自由に扱える人々からすると、未来のイメージはすでに存在する何かだ。

そもそも地球が12あるというのは、地球の文化の停滞をあらわしてもいる。生命は7つ、感覚は12という法則が存在する。古い時代には感覚も生命の7つと同じ数で働いていた。そしてその時は、人はもっと生命的に生きていた。が、後になって感覚が12になることで、感覚は生命には従属しなくなり、固まった殻のように、硬直した働きをするようになってきた。

わたしたちは感覚の衣に幽閉されて生きるようになった。この点では、地球にやってきた宇宙クラスタも、地球の歳差運動の２６０００年を12分割した２２００単位を7回体験することで出て行く。12回のうち、５つ分は捨て置かれるということだ。

☆異なる宇宙種族が出会うことが難しい理由

ところで、ドロレス・キャノンは、深い催眠、つまりフルトランスに誘導して、宇宙人と接触する人たちの話を調査した。この時に、ドロレス・キャノンは、できるかぎりたくさんの人から話を聞いて、共通した内容であれば、信憑性が高まるのではないかと考えたが、グルジエフの言うように、人は自分のエニアグラムしか見ることができない。ドロレス・キャノンのところに来る人は、ドロレス・キャノンの世界観に合致する人ばかり。多少合わない人が来た場合、ドロレス・キャノンは、それらに注意力を向けなくなり、自動的に取り除く。

そしてコンタクトする宇宙人たちも、共通の傾向を帯びる。おそらく同じグループの宇宙人しかいない。つまりこれら全員がファミリーのようなものだと考えてもいい。それ以外のものをドロレス・キャノンは覗くことはできない。ドロレス・キャノン以外でも、他のコンタクティでも同様に、自分のグループしか見ることはできない。

でも、できるかぎり客観的に調査して、本当のところはどうなのかを知りたい。このように考える発想法そのものが、地球的人格の限界をあらわしている。リアリティはひとつ、という発想は決まった時間・空間の枠の中で生きている人にしか通用しない。真実はひとつ、という考え方はカテゴリー1の惑星の考え方なのだ。

つまり、本当のことはひとつという考え方は、宇宙は多次元的、多様なあらわれ方をするということを、認められないでいる証拠でもある。そして信仰心が偽装した思考というのは、このようにひとつを押し付けて行き、例外を認めないのだ。

宇宙は多様に広がっているという時、空間的に広がっていると考えるよりも、時間的にも多様に広がっており、そして時間が自由にアクセスできるということは、このことだけで、異なるリアリティ、まったく違う筋立ても存在するということを考慮しなくてはならない。ドロレス・キャノンにしても、他のコンタクティにしても、かならず情報がどこかで破綻するはずだ。それが知性の限界というものだ。

特定の宇宙種族と異なる宇宙種族が出会うのはとても難しいのは、それぞれがこの違う筋立ての中に住んでいるからだ。そして地球が出会いの場になりやすいのも、この多様な次元、多様な時間をすべて押しつぶして、決まりきった狭苦しいコースしかない場を提供するからだ。これこそすべての宇宙の墓場であるかのような。

☆宇宙種族は、出会いを求めて地球にやってくる

地球にやってくる宇宙種族は、みな自分たちの自由性や広がりを犠牲にしている。自分を犠牲にして、この狭苦しい地球にやってきた。地球はカテゴリー1惑星として、悲しみの惑星と言われているらしいが、ここでなら、多様な宇宙では決して出会えそうにない異種人種とも出会うことができるのだ。そしてその経験と情報を持ち帰れば、もともとの自分の場所で、さらに大きな発展性を見つけ出すことができる。

わたしは生まれる直前の記憶があると、いろいろな本に書いたが、山の上にいて、自分は乳母車に乗っていた。そして、軍人がこの車を押して、崖まで連れていき、「わたしはこの先には行けませんので、後は一人でお願いします」と言って、崖から落とした。

この時崖の下の茶色の水に向って落ちていったのだが、これは強い恐怖感をもたらした。宇宙的な知性が地球人に生まれることは、とても怖いことでもある。それまでの多次元性、多時間性、多空間性をすべて犠牲にして、単一進行時間、単一空間の中に、黒い塊としてピン止めされて生きなくてはならないのだから。ドラマを見るにも、2時間くらいじっとしていなくてはならない。もしできれば、この内容は三秒くらいで再現してほしい。一日中学校に行き、そしてずっと退屈な授業を聞かなくてはならない。従わないと罰される。

誰もが自分のエニアグラムしか見えないという点で、ドロレス・キャノンの情報も、一つのファミリーの真実でしかないと説明したが、地球には、このひとつの真実を壊すような無意味化され、偶然性の介入するような場が形成されている。そして地球の人間は、なんにでも意味があり、意味が連鎖していたのだと気がつくと、とても感動する。つまり、そうした当たり前のことが認められないくらい、偶然性に支配され、無意味化された人生を生きている人が多いということなのだ。

地球は12あるが、本来は7つであるべきだということで、現在のわたしたちの地球が、ほかの11個の地球のうちの隣接したものに吸収合併されるほうが好ましい。これは地球がいま危険状態だから、回避するために、という理由でなく、そもそもはじめから決まっているように、12はいつか7つに戻る。7つから12になったのだから、それなら12は7つに戻る。生命の樹のマルクトからイエソドには7つの階層があると説明したが、それに該当する話だ。

また二分されたもうひとつの落ちていく地球はまた違う地球に合併される。実際に今の地球は今の人類ではない、別の地球人に占拠されたほうが平和的にまとまりやすい。

惑星の内部反射

☆宇宙から孤立していない異なる次元の地球

樹木の葉は樹木の形を模倣する。細部は全体を反映するという理屈で考えてみると、地球の異なる次元というのは、地球以外の他の惑星が、地球の中に写り込んだものだと考えると自然だ。

惑星は、現在判明しているのは水星、金星、地球、火星、木星、土星、天王星、海王星、冥王星という9個で、実は他にもいくつかありそうだが、とりあえず現代においては、地球的地球と、水星的地球、金星的地球など、ほかの惑星を反映した地球があると数えると、9個の地球があると考える。生命法則的には7つにまとめられるのが理想で、9つという時、グルジエフのエニアグラムのように、インターバル機能として3つ使われているという発想もできる。そもそもエニアグラムは7つの法則をあらわしたものだ。

ミシェル・デマルケは、宇宙のカテゴリーや段階をすべて9つに分けるが、エニアグラム式には、7つの動的法則に対して、同じく7つの動的法則を持つ他のオクターヴを接合する時に、この接合するインターバルとして、ふたつのポイントが加わり、都合9つになるという考え方だ。つまり9つとは、他のオクターヴとの接点を持つことのできる7つの法則を示したものなのだ。

そして7つの法則ということを言った場合には、ひとつの世界だけをわかりやすく提示したものに過ぎないので、つまり9つとは、7つのオクターヴ法則をより詳しく説明したことを示している。外から見ると9つで、内部的には7つであるという言い方でもいいが、それだとよけいややこしくなる。

12や7つの地球があると考えると、この話は混乱する可能性もあるので、地球に住む集合意識としての人類の振動密度で見た世界としての地球と考えなくてはならないが。さらに地球には一人の人間しかいないと書いたが、そのように考えたほうが整理しやすい。ひとりしかいないか、あるいはグループとして数人いるか、というところだ。

異なる次元の地球に、今の地球が引き寄せられると、いままで見なかったような人々が出没する。彼らがここに来るのでなく、わたしたちが彼らの場所に行くのだ。そして異なる地球に住んでいる住人とコンタクトすることになる。そのような人々は、宇宙から孤立しておらず、さまざまな宇宙意識と日常的に接触している。つまり、この異なる地球の住人の助けを借りて、星系とコンタクトするということは、ずっと楽なのではないかと思う。遠くの人と通信するために、それに慣れている隣人に依頼するということだ。

☆渋谷のスクランブル交差点は異常な出会いが起こりやすい

この異なるタイプの住人は、もちろん、わたしたちの地球の振動密度で認識する物質とは微妙にずれているのだから、最初の段階で、わたしたちは幻覚か、あるいは幽霊のようなものとして、彼らと接触する。そして彼らと接触しやすいポータルもあり、出会いやすい場所というのは、レイライン、惑星グリッドなどでもある。

街中で通り過ぎる人の中に、こうした隣人も紛れている。たとえば渋谷のスクランブル交差点は、世界で一番人の多い場所と言われているが、縄文時代に海の底で、それは箸墓の巫女が通信できそうな場所だ。実際そこには疲れ果てた「水の女」がいる。ここで異次元地球人と出会うことは多いので、無意識的に、映画で、異常な出会いが起こる場所に使われる。

彼らと接点を作るためには、わたしたちはこの地球においての物質の形態ということにこだわらないようにしなくてはならない。ここにはない金属のようなものがあり、ここにはない鉱物のようなものがあり、ここにはない植物のようなものがある。空気や水がないと生物は生きてはいけないと考えてはいけない。類推すれば空気に似ているかもしれない、類推すれば水に似ているかもしれないという成分がある。

この物質の固定性の概念を打破すると、わたしたちは想像上のものを物質と認識することになっていく。つまりいまここにないものを、異なる位相においての真実として認めることは、いまここにない想像上のものは、事実であるかもしれないと考えることになるのだから。

想像したものを受け止めて、それを形にする物質があるとする。そもそも原理的には、想像したものは物質化する。それらをわたしたちがまだ物質として認識できていないのだ。物質の固定性の概念を打破すると、わたしたちの視覚そのものも変化してしまい、想像上のものは現実だと考えることになり、そしてしまいに肉眼で見てしまう。

そもそも一方的に想像するというのは、わたしたちにはできない。主体に閉じ込められた人は、何かする時に、自分からそれが発信されるとみなす。自分が決めた。自分の責任だ。相手より自分のほうが先だ。

しかし一方的な時間の進行の枠から自由になり、また主体と客体が二極化されなくなると、運動する時も、運動して行く先から引っ張られたからだという話になり、想像する行為においても、一方的に想像することはできず、それはいまここにはない、どこかに存在するものが迫ってきたのだと考えたほうが早い。

☆天使に接触できる高周波数は、皮膚感覚、気配で受け取る

脳波について説明したが、ベータ波の脳波は、わたしたちの身体にぴったりと張り付き、肉体感覚が受け取るもの以外のすべてを遮断する精神状態を作り出すので、この別の世界の彼らを見ることはない。それに彼らは、わたしたちの地球に住む人類が、精神が不安定で暴力的だということを知っているので、接触には注意深いし、簡単に姿をあらわさない。

任意に、脳波をシータ波にできる技術を身につけて、道を歩いている最中でも、どこかでふと立ち止まり、沈黙に耳を傾けよう。シータ波になるとは、自分の外に関心を向けるということだ。

ディートリッヒ・ギュンベルは、９０００Ｈｚ以上の周波数は天使（ここでは小天使）に接触できる周波数だと言うが、こうした高い音は、音として耳に聞こえるよりも、むしろ皮膚感覚、何かの圧力、気配として感じられる。わたしたちは高い周波数の音は耳で聞くのでなく、皮膚などで受け取る。ハイレゾ音源は耳でだけでなく皮膚で聞く。沈黙に耳を傾ける時、こうしたレベルでの信号を聞き取りやすい。


いろいろな場所で彼らに接触することができる。異なる次元の地球に住む住人は、わたしたちと同じような人の形をしていて、そしてわたしたちと似た衣服を着ていることもある。衣服を着るという習慣は、わたしたちの地球の独特の風習なので、それはさほどポピュラーでなく、むしろ衣服と身体が一体化したようなもの、外に少し固めの皮膚があるというようなもののほうが一般的だと思われるが、異なる次元の地球では、衣服を着ている人型の存在というのがありうる。

わたしたち人間の形と全く同じということは考えにくい。ただ手や足があり、頭があり、胴体があり、というような大まかなところにおいては類似していると考えるといいのではないか。

☆異次元地球の住人が姿をあらわす相手

わたしは20歳のはじめの頃から、彼らと接触したいといつも言い続けてきた。そして、いつも彼らは「まだ条件が満たされない」と断り続けてきた。人間は振動の存在だ。物質の究極の因子を探すと、物質ではなく波動しかなくなったという話と同じく、人間もまた特定の波動が集合した存在だ。なので、準備ができていないわたしが、彼らと接触すると、必ず彼らもわたしの波動に巻き込まれる。これは進路妨害以外の何ものでもない。

その点で、わたしが彼らに侵略的な接近をしない、汚染をしないという条件が満たされたら、彼らは会ってもいいという話だった。しかしこのような条件が満たされた段階で、もうわたしは彼らに接近する気がなくなってしまった。用がないのだ。

そういう存在がいたら会いたいと思う人は、たいていの場合、条件が満たされない人だ。そして条件を満たした人は、会いたいと思わなくなる。この世界でもっとも魅力的で、優れた人がいたら、あなたは会ってみたいと思うか？　会ってみたいと思うなら、あなたは会う条件を満たさない。あなたは必ず相手に害をなす存在だ。

これはもう説明したことだと思うが、物質的に見える形で会う。これは物質的なことにこだわりすぎた状態だ。そして物質的に限定された存在というのは、それ自身で強いエゴを持つ。

なぜなら、存在は、いま・ここにしかないからだ。それを守ろうとした段階で、これは強いエゴを形成する。もっと広い意識を持つ存在が、そのような固まった存在に遭遇するにはよほどの理由が必要だ。しかしいまのところそういう理由は多くない。

そして物質的にこだわらない人ならば、皮膚の牢獄には閉じ込められておらず、どんなものにも同調が可能なので、それならばそもそも実際に会う理由は一点も見当たらない。

このように会う必要もないと感じているような人の前には、この異次元地球の住人は平気で姿をあらわす。でも今の段階では、特別な用事がない限り、そんなことをするのはとても危険なことだ。

六方向圧力の均衡

☆地球から独立できないわたしたち

わたしたちは六方向圧力の均衡の中で生きている。前と後、右と左、上と下という均衡の中で、上と下は特殊だ。つまり地球に押し付けられているからで、この部分が自由になれば、わたしたちは空中に浮くことになる。これは浮力が足りない。つまり地球に依存しているということだ。

異なる地球に行くには、この六方向圧力の均衡の比率を変えるということでなされる。六方向圧力を調整すれば、わたしたちはどこにでも行ける。いまのところ、わたしたちが動けないのは、今の地球にぎゅっと押し付けられているからだ。地表を歩き回ることはできるが。

振動の高い低いは上と下の圧力バランスに関係する。いまわたしたちはわたしたちにふさわしい比重の場所にとどまっている。この地球に押し付けられているということは、地球に対して独立権を主張できない振動密度の中に住んでいるということだ。肝臓や胃が、わたしたちの身体の中にあり、わたしたちから独立できないように、わたしたちは地球の腹の中から独立できない。

身体は地球からの借り物で、地球から採取した物質を補給、取り替えしながら維持している。なので給油所から離れられないような感じで、ここに押し付けられている。

異なる振動数を持つ地球に同調するとは、異なる時間で回転しているものにあわせるということでもある。異なる次元の地球は、惑星が鏡のように反映されたものではないかと説明した。金星の公転周期はおよそ225日だ。地球は365日。たとえば金星の公転周期を、黄金比の1.618でかけると、364日になる。同じく地球の公転周期365日に、黄金比の0.618をかけると、225.5日だ。ダ・ヴィンチのウィトウィルウス的図像によると、わたしたちの身体では、身長に対して黄金比の場所は臍の位置だと考えられていて、つまり地球の公転周期に対して、臍の位置にあたるのが金星だ。

地球に、他の惑星の反映された異なる地球があるとしたら、その中の一つである金星的地球とは、わたしたちの地球の臍的な要素を持った地球だ。臍速度に同調すると、金星的・臍的地球に同調すると考えてみるとどうだろうか。

人間には7つのチャクラがあると言われている。もっと細かくしたものとして、13のチャクラがあるという説もある。この7つのチャクラのうち、臍あたりに該当するものはマニプラ・チャクラだが、金星的地球とは、このチャクラに相応するようなものと考えてもいいのかもしれない。

以前書いた本では、臍を重心にすると、惑星グリッドに同調するし、これは走っている時の体勢だと説明した。へその緒は生まれた時に切り離されるが、見えないレベルでのへその緒は残っていて、これがより大きな世界に繋がっているのだという説がある。

☆金星的地球と火星的地球は行き来できる

歩く時には腰の位置に下りて、ウィトウィルウス的図像に描かれた四角い箱に入り、走ると、図像の円形の中に入る。このように臍中心の変成意識などに入ると、金星的地球に同調しやすいと考える。そして今の地球にとって、隣接するものとは、金星的地球と、火星的地球だから、このふたつには近づきやすいとみなしてもいい。

火星の公転周期は687日で、これは地球の公転周期である365日の1.88倍で、大まかに言うと、金星の三倍だ。つまり地球を1として、黄金比0.618の三倍は、1.854なのだ。むりやり、地球をこの黄金比0.618の倍数の場所に押し込めてしまうならば、地球の公転周期は450日前後になる。これで金星、地球、火星が、それぞれ整数比の公転周期になるが、いつのまにか、黄金比が消えてしまう。

大雑把に金星と地球と火星は、黄金比の関係で関わっているとみなせば、この黄金比とは、「人工的に考案されたわけではない、自然界の中の比率」ということなのだから、金星と地球と火星には、正確には金星的地球と、地球的地球と、火星的地球の通路は、黄金比が作り出す抜け穴を通じて行き来できるというイメージもできあがる。

出口王仁三郎は、瑞の御霊と厳の御霊というものがあると説明し、瑞は六角形、文字で言えば「水」を当てはめ、厳は五角形、文字で言えば、「火」をあてはめた。地球に外接し金星に内接するのは、正三角形の平面を持つ正二十面体で、火星に外接し地球に内接するのは五角形の平面を持つ正十二面体で、瑞の御霊と厳の御霊は、金星と火星に関係しているとみなしてもいいのではあるまいか。

☆7つの分身のすべての情報を受け取る

かつて地球空洞説があり、そこに地下帝国としてのシャンバラがあり、レーリッヒや老子はそこに消えたという話があった。ヒットラーはその入り口を本気で探した。これらは別の次元の地球のことだが、特定のポータルを通じて、行き来できるという話だった。これは場所というよりも、場所と、そして同時に、振動を黄金比的に変えるという両方が必要だ。

しつこく言うが、わたしたち地球の物質比率に、それらを引き込むことはできない。そこでわたしたちがそこに移動するには、感情体と思考体が接触し、次にその異なる地球で成立している物質に、感情体と思考体を降ろしていくという操作が必要だ。

わたしたちの感情体と思考体はいくらでも、この異なる地球に降りることができる。しかし、わたしたちの身体は、この地球の金属、鉱物、植物、水、空気、火でできているので、移動させずにそのままにしておき、むしろ思考体、感情体が、マルチな形で、金星的地球、火星的地球に、同時に、その場所での素材の現地調達によって、複数身体で共存するということが好ましい。

よく昔から、人には7つの分身があると、まことしやかに言われてきた。それに会うというのは難しい話だ。というより会うと、互いの位置関係が狂ってしまう。むしろ7つの分身すべてからやってくる情報を同時に受け取るというのが好ましいのではあるまいか。

☆多重身体を持っていれば、ひとつが消えても他が残る

それぞれの地球において寿命というものが違う。犬は劣悪な環境だと8歳くらいで死に、良好な環境だと20歳くらいまでは生きると言われているが、地球的地球で80歳前後まで生きていても、金星的地球、火星的地球では、もっと長生きするという可能性が高い。すると、多重身体を持っていても、ひとつが消え、ひとつが生き残り、さらにもうひとつはさらに長く生き残りというような形になりやすい。

とはいえ、これはあくまで三次元的意識の存在での話ということであり、四次元的、五次元的に進化した存在は、もう書いたように時間を空間を歩くかのように歩き、前に進んだり後ろに進んだり斜めに歩いたり、折りたたんだり、引き伸ばしたりするので、この時間の固定的ルールは通用しない。わたしたちは地球的身体を持つことで、このお約束の時計の時間に従っているだけだ。

経験を多層的にすること。複数の身体を持つこと。思考体が、感情体の限界点であるミの音にショックをかける時、これは印象ショックと呼ばれていて、印象を多角的に受け止めることをあらわしていて、感情体は感情体特有の限界、視点の単純さがあり、それが感情体の進化を

阻んでいた。

それに対して、思考体の印象ショックは、予想外のところから、不足を補った。身体、感情体、思考体と進むにつれて、印象は倍加する。つまり事物と象徴は結びついているが、この時、これを切り離すと、ひとつの象徴は複数の事物にあてはめられ、またひとつの事物に複数の象徴が結びついたりする。

わたしたちが別次元の地球と結びつき、そこに居場所を見つけ出すと、これは、地球的地球に住んでいるわたしたちの生活の中に、他の角度から印象が持ち込まれることをあらわすし、時間の隙間の中に、折りたたんだ違う経験が入ったりもする。

☆分身的な存在が出現する、トゥルパ

チベットの行法に、トゥルパというのがある。宇宙的形成素材（つまりはエーテル界）に意思を投げかけると、その反射として、分身的な存在が出現する。仏陀が千人の人の前に千の仏陀として現れるのは応身で、厳密にはトゥルパと違うが、翻訳では、トゥルパを応身と訳す場合もある。

もちろんこれが他の人にも見える物質的なものになるには、地球素材の金属、鉱物、植物、水、空気、火などをぶら下げなくてはならないので、とうてい無理な話であるが、濃密なエーテル物質というところまでは降りてくる。生命の樹では、ティファレトからイエソドのパスをそのまま使ったものだ。ただし複製を作るという点では、これはティファレトからホドの15悪魔のカードのパスのほうが正確かもしれない。

これはその人のエーテル体をあらわしているわけではなく、むしろ余剰分として作り出すものので、ある程度それが安定性を持つまでは、自分から栄養を供給しなくてはならない。

宇宙的形成素材を通じて、分身を作り出すのはさほど危険ではないが、ゴールデンドーンの用法として、自分のエーテル体を、餅をちぎるように分けて、それを分身にするということもある。この場合、生体のバランスが一時的に崩れるので、当人はしばらくの間は精神錯乱を起こすらしい。素材は自分のものではないほうがいいということだ。

だるま大師は、自分の身体の中に用神を作り、それを練って、新しい身体として、そこに乗り移ったというが、この場合には、ゆっくりと自分のエーテル体から形成するということにもなる。別の地球、とくに金星的地球との橋渡しとしての分身を持つということも良いのではあるまいか。このようにして、多次元に枝を伸ばすように、さまざまな可能性を追求すれば、宇宙的魂を取り戻すことはとても早いスピードで進行する。

わたしたちが独自に分身を作ることはなく、作るとしたら、それはむしろ外界からの侵入であるということを思い出してもらいたい。作ったのでなく、入ってきたのだ。

生命の樹木の対応で、別次元の地球とは、マルクトとイエソドの間の7つの階層だと説明したが、もうひとつ違うイメージで考えると、7つのイエソドとマルクトのラインを持つということにも。ひとつの感情体が複数の身体に降りることができるのならば、それはまずは複数のイエソドを持つことになる。

金星的地球は外宇宙との橋渡しになりやすい

異なる次元の地球のひとつ、金星的地球とは、地球をメインにして、その中に金星が鏡のように映し出されることだが、反対に、地球的金星ということも想定できる。これは金星から見て、地球がその内部に映し出されたものだ。このふたつの内的鏡像は入れ替わることが可能だ。そしてこれは地球と、太陽系の外の宇宙についても同じことが言える。

地球の中に、大量の宇宙の星雲、恒星の小さな複写物がある。この小さな複写物は、本体が乗り込む時の宿り木だ。もちろん主体と客体という二極化に縛られているわたしたちは、いまのままでは、こうした内と外の交換はできない。

ドロレス・キャノンの接触している宇宙人たちが、円盤は想念によって飛ぶという場合、これは想像して、そしてこの想像の中に飛び込むということで、内的なイメージが、そのまま外的な環境に切り替わってしまうという転換を起こす。この切り替えには、瞬間的に気を失う瞬間がある。なぜといって連続とは、切り替えないという意味だからだ。

☆高次な振動は、低次な振動に移動することができる

これはより高次な振動は、低次な振動に浸透することができるという理屈だ。反対はできないので、地球的に制限されている人が、恒星に旅することはできない。ひとつの光は7つの色に分岐する。このどれかの色、たとえばオレンジ色が緑色に自力で変化することはできない。しかし、オレンジ色がもとのひとつの光に戻って、そこから緑色に降りるということは可能なのだ。

総合地球というものがあり、この中で7つの地球がある。そしてわたしたちの地球はこの7つのうちのひとつ。地球的地球から、金星的地球に行くには、まず総合地球に戻る必要がある。金星の側で、地球的な次元があり、そこから地球的金星に向うことは、鏡像をひっくり返すような感じで、比較的容易だ。かつて金星からやってきて、地球の別次元に住み着いた人々がいるという話だった。この場合、その存在の振動密度が高いために、この着地は比較的容易だったと言える。

スピカの知性体が金星をバイパスして地球にやってくるという時、この鏡構造で、金星の中

の地球的金星に向い、そこから共鳴的に、金星的地球にやってくると考えるといいのではないかと思う。この場合、複数の地球は同じ時代にあるわけでなく、それらは異なる時間に分散されていて、ひとつの終わりが次のひとつに繋がっていると考えたほうが妥当だ。

地球の歴史は、いわば、あらかじめ存在する複数の地球を、トレースしてできていると考えてもいい。もちろん他の地球そのままではなく、トレースして、模倣してできあがる。わたしたちは2200年の間、違う地球を模倣する。そして次に移る。おそらく他の地球も、そのように回る。

スピカ知性体は、この地球において、金星的地域にやってくる。あるいは地球の中の、金星的地球を模倣した時代に降りる。スピカが地球に関与していたのは、ずっと古い時代で、その時の回路をこの時代、この地球に持ち込むとしたら、それは新しい試みだ。

スピカの知性が、地球に連れていけと言ったので、わたしはスピカ知性人を地球に誘導したが、わたしが帰る時、ついでに連れていけという雰囲気だった。しかしながら地球に近づいてきた時、はっきりと、自分が向う場所を地図で示した。わたしはそこに用事があるわけではなかったので、自分の家にまっすぐ戻ったが、地図の記憶はあるので、スピカ星人がどこに行ったのかを覚えている。どこに行けるにしても、行きやすい場所と行きにくい場所はあるはずだ。今ではアメリカ合衆国だが、着地したのは、まだアメリカができる前のアメリカ大陸のネイテイヴ・アメリカンが住んでいた時代ではあるまいか。

トゥルパを作るのは理屈の上では不可能で、侵入ならありうる。つまり、どこかよその位相にいる存在が、わたしたちの次元に割り込みたいと思った。すると、人間の側は、それよりも低速な想念なので、しかも個人に閉じ込められているために、意思は個人から発信されると思い込んでいる。なので、自分がトゥルパを作りたいのだと思ったと信じている。しかし実際には、入り込みたいと思う意思があり、それを受けて、自分が鏡像的反応として、トゥルパを作りたいと思わされた。

これは異次元からの侵入の専用インターフェイスとして使われることになる。金星的地球、地球的金星などから、この場所に入りたいと表明されると、その場所を確保するために、この地球次元の気のエネルギーを集めて場を作り、トゥルパとしてお招きすることになるということだ。

☆太陽系に依存しているふりをしている金星

金星の公転周期は225日。自転周期は243日で、公転周期よりも遅い。しかも金星の自転は、公転方向と反対。そもそも惑星の自転は、惑星の自立性を高めようとする動きだ。自立することで、惑星には惑星の独自性が発達する。公転とは、太陽に依存し、もともとは太陽という恒星が内部分割したものという位置づけにある。したがって、大きく依存し、この中で、せめて自分の範囲のところだけは好きにしたいという意図で自転が始まる。

しかし金星の場合には、自転のほうが周期が長いというのは、公転を凌駕した自転を持っている。すなわち金星は、太陽系に依存しているふりをして、その依存から抜け出し、太陽系の外と行き来可能の駅のような作用もあるということを考えてみると良いのではあるまいか。

自転方向も反対ということは、公転作用をまるで打ち消すかのような作用が働く。太陽系の影響を打ち消して、外に接点を作るのだ。わたしは二十代の頃は、金星の異次元との扉を「緑の扉」と呼んでいて、鏡を通じて行き来すると説明していた。

地球の近くにあり、金星と地球は姉妹星とさえ言われている。これは閉鎖された実験場としての地球を覗きに来るために、外部からやってくるにはしごく都合のいい惑星ではあるまいか。となると、地球的金星の次元と、金星的地球の次元の連絡パイプはかなり頻繁に使われていることになるし、これらはとても便利な通路になる。

さらに、地球の歴史の中で、金星時代（金星的地球時代）に対応する場所に降りて行くのは、つまりイージーな通路を作る。その時代から現代まで、リニアにシフトするというのは、つまりは地球の中に生まれて、誰かの転世コースをトレースするということになるのだが。トゥルパはもっと短時間で通路を作ることでもあるが、このようないきなりの侵入は、誰彼に負担がかかる可能性は高い。

わたしは子供の頃に、空気はすべて狐がパズルのように埋め尽くしていて、一匹の狐を押すと、世界中の狐に伝わる。空気は狐そのものだ、という夢を見ていた。しかしある時期から、これがよくある遮蔽記憶だということを思い出した。それは映像の上塗りというもので、慣れ親しんだ何か違うもので埋めてしまうことで、心の安定を維持するということだ。宇宙人目撃にはフクロウがもっとも多く、人気らしい。わたしが思うに、ほかに日本人ならば、カラスと狐ではないかと思う。

一匹の狐を押すと、他のすべての狐に伝わるのは、宇宙人特有の、すべての会話がテレパシーのようなもので行われるということに等しい。そして多層次元が同心円的に共鳴しているので、どこかに出かけなくても、どの場所のこともだいたいわかる、というものになる。

他に子供の頃に狭い道の真ん中に、土に埋められた鶏がいて、首だけを地面から出していたのを目撃して、気絶したことがある。これも遮蔽記憶で、その後しばらく空白の時間がある。この空白の時間は、実際にはゼロ時間なのに、そこに長い経験が詰め込まれたりするということなのだが、時間の中に折りたたまれたものは精神状態がその瞬間を再現できれば記憶も再現できる。

知覚を全地球に張り巡らせれば、つまり全世界を覆う狐になれば、それは円の中の一部の線（連絡するもの、依存するもの、法灯明）ではなく、球体としての結晶（自灯明）になる。球体として結晶化した意識は、地球から弾かれる。つまり地球に依存した存在ではないということになる。地球は従属しているものを住まわせるが、同等のものは反発する。つまり六方向のうち、地球に押し付けられた下のベクトルが自由になり、これもまた、神の子羊から、「人」に変わるための大切な手続きでもあると言えるだろう。

ひとつの地球から反発されたものは、異なる次元の地球が連鎖した、地球グループだけで成立する全惑星意識に到達する。ひとつの地球が弾く作用は、他の地球に行くにはいいチャンスだ。こうしたひとつの世界をくまなく歩き尽くすと、その世界から弾き飛ばされて違う場所に移動するという手法は、「嫌気力」とか、「飽きによるテレポーテーション」と呼ばれている。わたしたちがどこかにいるのは、自分に足りないものがそこにあるからで、手に入れればそこにいる理由はない。すぐに追い出される。

グルジエフが、中央アジアのどこかの駅で、列車から降りて、日本を見ているという夢を何度か見たことがある。この時グルジエフは日本のほうにまで通路を作りたかったのだと思った。

そして自分はそのことに貢献したいと思った。

グルジエフがその哲学を学んだ教団は、エジプトのほうにあり、古代の知恵をそのまま保持しているグループだと思われる。その知識は現代にはあまり表面化していない。しかし、地球をくまなく取り囲めば、この教団の意識は、地球からさらに外に拡大する。それもそうだし、地球別地球にも繋がる通路を太くすることになる。ひとつの地球を覆うと、地球から弾いていくので、自動的に別地球に繋がるということなのだから。

知恵は世界を取り囲まなくてはならない。地球を覆う狐のように。ただしグルジエフは、ここに犬を埋めるというような言い方をしたので、グルジエフ式には、狐よりも犬だし、それをシリウスと直接言ってもいいのかもしれない。実際に地球のエネルギーグリッドとしての惑星グリッドの点、線を肉体を持って移動する必要はなく、感情体でトレースすると良いということになる。

1985年の体験

わたしは1985年の3月に、きわめて強い情動で、トゥルパを呼び出したことに、自分で非常に驚いたことがある。この強い情動は強すぎる結果として、この情動そのもので人格の境界線を突き破ってしまったのだ。自分の働きかけで、意識を失う（人格の境界が破れる）というところまでいくと、誰でも、トゥルパを作り出すあるいは呼び出すことができる。気がつくと目の前にいるのだ。

わたしたちは物質的身体の制約で、情動は、物質的身体が持つ感覚の範囲を突き破らないように、ほどほどのところで止めてしまう。しかし、これが身体的制約の範囲を超えた段階で、情動は、身体の付属物でなく、身体を超えた作用として働き、そしてその反射作用として、トゥルパを作り出してしまうのだ。つまり超えた成分は、はみ出したエーテル体として、そこに神話的なイメージが付着する。

身体と情動の位置関係は、普通は身体に従属するところで情動が働く。でないと情動は身体を破壊してしまうのだ。シュタイナーは、アストラル体は最終的に身体を破壊し尽くすと言ったが、ほとんどの人は破壊しないように、おそるおそる静かに生きている。しかし情動が身体を凌駕する段階で驚くことが起きる。

この情動の突き破り現象は、このカテゴリー1の地球的地球から、金星的地球に「はみ出し」成分を作り出すことにも通じるのではないか。そして押すと、やってくる。これはまるでロール紙が自分を取り囲んでいるようで、右に押すと、左から押されるというような印象だ。

１９８５年製のトゥルパはさまざまな形に変形する。初期の段階では、異次元調査のためのドローンのような役割を果たしてくれると思っていたし、ポイズンという名前をつけていた。わたしはそれによって消耗したし、黒かったからだ。が、いつのまにかその存在さえ忘れたし、トゥルパはある程度成長すると、勝手に出て行くものらしい。

大阪のホテルで、身長2.5メートルくらいの細長い人間がやってきたとき、隣の部屋に移動するには、六方向圧力それ自身が持っている圧力均衡を突破する必要があると説明していた。その時ホテルの部屋は、横に長く伸びて、トンネルのように見えた。

この圧力均衡を崩すことには誰もが抵抗する。前に進むというのは、均衡面をつき破るように強い力を発揮しなくてはならないが、ここで心身のバランスが崩れてしまうと、それは感情面とか精神面で、異様な体験として受け止められるし、わたしのトゥルパ体験から思い出すと、確実にパニックになる。

しかしひとつのテクノロジーとして考えれば、それには慣れてくるのではあるまいか。しかも一瞬それを発揮すればいいだけだ。

ドロレス・キャノンが深層催眠でコンタクトした宇宙人たちが言うように、想念や夢見によってなんでもできるというのが本来のものだが、ここカテゴリー1の帝国では、わたしたちは自分の位置を守るために、この想念や夢見が、この自分たちがいる箱の範囲を超えないように、小さなところで、被害がないように発揮する癖がついている。言ってみれば、それらはフィクションという枠の中でのみ発揮していいとか。日々の暮らしの繰り返しが維持できるように、この想念や夢見の力を最大限ボリュームを落としている。だから、この想念や夢見が、均衡を突きくずし、自分を運んでいくほどの力を持つことについては禁止しているし、それができるとも思っていない。つまり身体が優位であり、感情体や思考体は、この身体サイズの中にあり、身体が作り出した小さな随伴作用なのだ。

前に対しては後ろ、右に対して左、上に対して下というふうに、圧力の均衡があり、この均衡を崩すということは異常なことなので、動転するのは確実だが、想念や夢見はこの均衡をつき破る力がある。しかしほとんどの人は、この想念や夢見がそこまで強い力を持っているということについては知らない。

これを書いている時期２０１７年の四月の朝四時半に、わたしは謎の生き物に出会った。今書いている原稿の内容からして、金星的地球の人間と接近遭遇したと考えてもいい。ずっと別の地球に住んでいるわけではなく、地球的金星、金星的地球という回路を通じてやってきたということになるが、その後、確認のために、カフナ式のバイロケーション、つまりエーテル体の筒を出して、それをターゲットに突き刺すと、０．３秒とかくらいの印象の時間で至近距離に来た。これはそもそも最初から近くに待機していたとしか思えない。

たいていこのバイロケーションを使うと、足場が奪われる感じになるのだが、それはエーテル体の足場にシフトすることからきている。地に足をつける感じでなく、空中に浮かんで、そして自分も相手も、立脚点がないところでの接触で、慣れると気になることでもない。まるで風船と風船の関わりのようだ。何をつかんでいいのかわからない、というところが興味深い。

この足場を失う感じは、大地という足場に立つのが常態だとみなすと、不自然だし、不安定だし、なんとなく不安感を与える。が、そもそもわたしたちの中心点は、生命の樹で言えばティファレトであり、アンタレスだ。六方向圧力の均衡を取ろうとしても、下の区画だけが地球に押し付けられていて、身動き取れないというのは、わたしたちがこのティファレトという中空の中心点を土台にして生きていないということを示す。

だから、何かに対して正しいかどうかを判断するときに、物質的根拠などを欲しがる。これは大地に押し付けられ、大地を土台にしているからだ。ミシェル・デマルケは、遭遇した宇宙人に、遭遇したことの証拠が欲しいと要求して、軽く拒否されている。何かを判断する時に物的証拠などをあてにしないで、直接中空で、胸で、判断することを練習しなくてはならないのだが、そのことにまったく慣れていない。そこで、六方向圧力均衡を、想念の力、濃い想念としての情動、意思、夢見などでずらしていくということをしようとした時、足は大地に張り付いているので、まるで身体を引き裂かれるような思いをしてしまう。

トゥルパは、占星術で言えば、牡羊座の24度のサビアンシンボルに書かれていて、それは開かれた窓のカーテンに、外からの風がコーヌコピアの形を作るという内容で、カーテンはこの世界と隣の世界の間の薄膜をあらわしている。大地の足場に立っている人は、向こうからやってくるコーヌコピアは受け入れることができるが、自分がコーヌコピアになって、向こうの世界のカーテンに押し付けられるのは歓迎しない。でも、足場が自由になれば、だんだんとそれを受け付けるだろう。

そして、金星的地球人と、それとなく接触し、互いに無関心に通り過ぎるだろう。ハイタッチくらいはするかもしれない。が、決して干渉しないというルールは鉄則に近い。それを誰かに話して、聞いた人が物的証拠が欲しいと言うと、軽く拒否すればいい。

高校生の頃、毎日のように悪夢を見ていた時期があり、その時に起きているつもりで、実は寝ていたというような体験もたくさんした。しかし、いま思うに、起きているつもりで実は夢の中というのは、変性意識に入ったという意味であり、こういう時に、たとえば、部屋の硬いはずの壁が、カーテンのように揺れていたのを見て、驚いたことがある。わたしはその頃から、隣の地球とのカーテンが、押したり引いたりできる、柔らかいものであることを教えられていたのだ。固くするのは本人であり、人によってそれは薄膜であったり、遮光・遮音カーテンかもしれないし、申し訳程度のレースのカーテンかもしれない。

ある時期に、わたしは「いつもの声」に、頭の中の六角柱の回転ドアの建て付けが悪く、隣の次元との境界面に漏れというか割れ目があると言われた。そこは黄色に光っていた。それは今ではアルクトゥルスとの関係によってのものだとわかっているが、これは高校生の時に、壁がゆらゆらと揺れていて、押すと開きそうだというものを見たのと同じことだ。でも、となりの部屋に移動するということと、その隙間に漏れがあるというのは、また意味が違う。移動しなくても何かが漏れてしまうということなのだから。

人間は感情体が重心であり、身体が中心ではない。このひとつの地球の大地にがっしりと立つのでなく、できれば複数の地球に立とう、そのためには中空に中心点を置くこと。ゆっくりと気が遠くなるような時間をかけて行われる地球の廃統合では、スムーズに移行しよう。宇宙旅行は感情体で行う。そして異なる地球は、それよりもずっと濃密なレベルで、交流できるし、その住人の中には宇宙の案内者としての仕事にとても向いている人がたくさんいる。

何度も言うが、生々しい物質的交流は禁止されている。お互いの世界のためにならないのだから。イエスのトゥルパは弟子の前で食事さえできたくらいに物質的で濃密だと言われているが、本来、ドローンの役割をする程度でちょうどいいと思う。

著者プロフィール

松村 潔（まつむら・きよし）

1953年生まれ。西洋占星術、タロットカード、神秘哲学の研究における日本の第一人者。カバラ、グルジェフ、シュタイナーなどの思想もふまえて構築された、独特な宇宙論を提唱する。著書は『死後を生きる』『精神世界の教科書』『新装版 エーテル体に目覚める本』『みんなの幽体離脱』（アールズ出版）、『アスペクト解釈大事典』（説話社）、『精神宇宙探索記』（ナチュラルスピリット）、『月星座占星術口座』（技術評論社）、など多数。

松村潔 WEB サイト　http://www.tora.ne.jp/

宇宙魂に目覚め、自分の魂の星《ふるさと》を旅する

2017年9月13日　初版第1刷発行

著　者　松村 潔

装　幀　中山デザイン事務所

発行者　森 弘毅

発行所　株式会社 アールズ出版
東京都文京区小石川 1-9-5 浅見ビル　〒112-0002
TEL 03-5805-1781　FAX 03-5805-1780
http://www.rs-shuppan.co.jp

印刷・製本　中央精版印刷株式会社

ISBN978-4-86204-292-7 C0011